KB119131

살아생전 떠나는

지옥 관광

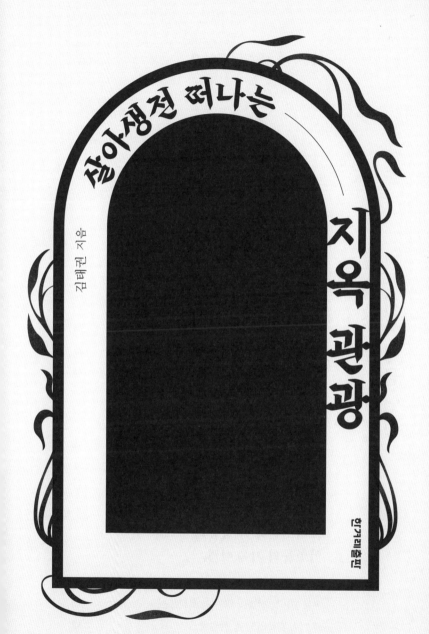

살아생전 떠나는

지옥 관광

김태권 지음

한겨레출판

3장

지옥으로 가는 길

4장

최초의 지옥 이야기들

지옥을 다룬 네 편의 서사시

지옥을 다룬 풍자적 작품들

지옥 그림 갤러리

왜 지옥 여행인가

지옥 여행에 대한 책을 쓰는 사람이라니, 가이드로서는 실격이다. 지옥에 가본 적도 없으니 말이다. 이 책을 쓴 이유는 세 가지다. 첫째, 내가 옛날이야기를 좋아해서 그렇다. 특히 고전문학 속 저승 이야기를 좋아한다. 유명한 작품을 보면 늘 저승 여행 비슷한 장면이 등장한다. 죽었다 살아나지 않더라도 괴물의 배 속이나 무서운 동굴, 감옥, 하다못해 지하실이라도 들어갔다 나온다. 이것을 '저승 여행 모티프'라고 한다. 시나리오 작법에 관한 책을 봐도 한 번쯤은 주인공이 '죽음의 맛'을 봐야 한다고 서술한다. 그래서 원래 저승 여행에 대한 책을 쓸 생각이었다.

그러던 중 김단희 편집자님을 만났다. 책을 하나 마무리하고 다음에 무슨 글을 쓸지 가볍게 이야기를 나누었다.

"다음에는 재미있는 이야기를 쓰려고 해요. 고전 속 저승 여행을 소개하려고 합니다."

편집자님의 반응은 기대와 달랐다.

"어… 지루할 것 같아요."

"예?"

진땀이 났다. 자료도 책장 하나 가득 모아놨고 박미향 기자님과 이야기해서 연재도 해볼 참이었다.

"아이고, 재미없을까요? 발랄한 문체로 쓰려는데요. 여러 신화와 종교의 지옥 이야기도 나올 테고요."

지옥이라는 말이 나오자 반응이 달라졌다.

"아, 지옥이요? 지옥은 흥미롭네요."

이렇게 해서 나는 저승 여행이 아닌 지옥 여행에 대한 책을 쓰게 되었다. 중년 아저씨가 발랄한 문체로 글을 쓰는 건 보기 흉하다고 충고하는 지인도 있었다. 그 충고를 받아들인 덕분에 중년 필자가 귀여운 척하는 무리한 애교는 시도하지 않았으니 독자님은 안심하셔도 좋다.

저승에는 별 관심이 안 생기는데 지옥은 흥미로운 이유가 뭘까. 아마도 '지옥'이라는 말이 한국 사회의 어두운 면을 빗대 자주 사용되기 때문일 것이다. '헬조선'이라는 말도 한동

✢
이탈리아 화가 조토의 벽화에 담긴 무시무시한 지옥의 풍경은,
지옥에 대해 흔히 상상하는 모습을 잘 보여준다. 하고 싶은 일을 하지 못하고 원하는 곳에
가지 못하고, 쉬지도 못한 채 즐거운 일 없이 고생하는 상황을, 우리는 "지옥 같다"고 말한다.
조토 디 본도네, 〈스크로베니 예배당 벽화〉의 일부, 1306.

안 널리 쓰이지 않았나. 한국 사회에 대해 이야기해보고 싶다는 욕심이, 내가 지옥 여행에 대한 책을 쓰는 둘째 이유다.

2020년 《한겨레21》에서 손바닥문학상 가작을 수상한 구슬 작가의 단편 〈양손은 무겁게, 마음은 가볍게〉에는 이런 대목이 있다.

"사막에서도 인간은 살아남고, 누군가는 선인장으로 김치를 담근다. 입사 뒤 1년 내 퇴직률이 60퍼센트를 가뿐하게 넘어가는 우리 부서에서도 장기 근속자가 나오는 걸 보면 분명 그러했다. 하지만 지옥도 사람 사는 곳이라는 사실이 지옥이 사람 살 만한 곳이라는 사실을 보증해주지 않는다."

이 구절을 읽고 많은 생각을 했다. 마르크스 경제학을 가르치던 정운영 선생이 옛날에 이런 이야기를 했다. "임금이 줄어든다고 노동자가 바로 죽지는 않는다. 사람은 적응의 동물이다. 곰탕 먹는 대신 라면 먹고 버스 타는 대신 마라톤으로 달려서 출퇴근할 수는 있다. 그렇다고 그게 살 만하다는 의미는 아니다." 내가 이 이야기를 들었을 때보다 사회는 더 각박해졌다. 잘사는 사람은 더 잘살고 못사는 사람은 더 못산다. 허리띠를 졸라매고 또 졸라매도 사람은 당장은 죽지 않는다. 하지만 그 삶은 '지옥 같은 삶'이 될 것이다.

셋째, 고전문학에 대한 이야기를 하고 싶었다. 나는 강대진 선생님과 함께 고전어 원문으로 그리스 서사시 《오디세이아》와 라틴 서사시 《아이네이스》를 여러 해에 걸쳐 강독한 적이 있다. 그 몇 해는 내 독서 인생에서 가장 즐거운 시절이었다. 그래서 독자들과도 그 즐거움을 나누고 싶었다. 어쩌면 이것이 가장 큰 이유일지도 모르겠다. 다만 처음부터 고전문학 이야기가 나오면 피로를 느낄 독자들도 있을 것 같아서 이 구실을 첫 번째 이유로 언급하지는 않았다.

보통 서문을 마무리 지으며 이쯤에 감사의 말을 덧붙이는 것이 관례인데, 이 부분이야말로 독자 쪽에서는 이른바 '안물안궁', 안 물어봤고 안 궁금한 내용이라는 사실 역시 안다. 그래서 고마운 분들의 이름을 따로 적지 않고, 글 중간에 집어넣었다(서문에도 벌써 몇 분 나왔다).

두 사람만 예외다. 아직 이 책을 읽기에는 어린 딸과 아들을 위해 여기 한마디를 숨겨놓으려 한다. 혹시 나중에 자라서 이 책을 읽게 된다면, 이 말을 명심해주길.

"즐겁게 읽기 바란다."

물론 독자님께 부탁드릴 말씀이기도 하다.

만화가 김태권

1장

지옥 인물 열전

지옥에서
만나는 악마

사탄은 잘생겼을까?

지옥에서 우리는 누구와 만나게 될까? 지옥에 가면 우리는
세입자가 될 것이다. 사탄이 그곳의 관리인 또는 건물주다.
지옥 원룸에 입주한 나, 어느 날 집을 나서다 차가운 인상의
미남 건물주를 만난다. 그 이름은 사탄. 상상력을 자극하는
설정 아닌가.

　　그런데 사탄은 과연 미남일까? 과거 서양미술을 보면
악마는 대개 못생겼다. 히에로니무스 보슈가 16세기 초에 그
린 제단화 〈건초 수레〉의 귀퉁이를 보면 추락하는 악마들이

피터르 브뤼헐, 〈반역한 천사의 추락〉, 1562.

나온다. 악마들은 볼품없는 몸매에 날벌레의 날개가 달려있다. 피터르 브뤼헐이 1562년에 그린 〈반역한 천사의 추락〉을 보면 천사는 곱고 잘생겼는데, 악마는 기괴하다. 벌레나 물고기, 개구리, 사람이 뒤죽박죽 섞인 모습이다. 개성 있고 재미있어 보이지만 예쁘다고는 말하지 못하겠다.

더 오래된 그림은 또 다르다. 6세기에 제작되었다고 알려진 모자이크 벽화 연작을 보자. 이탈리아 라벤나의 산타폴리나레 누오보 성당에 있는 〈최후의 심판〉이라는 작품이 눈길을 끈다. 가운데 앉은 인물은 신이고 뒤에 선 두 인물은 천사다. 신 오른쪽에는 붉은 천사와 양이, 왼쪽에는 푸른 천사와 염소가 있다.

《신약성서》를 보면 최후의 심판 날에 신이 "천사와 함께 와 양은 오른편에 염소는 왼편에 두리라"고 했다(마르코 복음 25장 31-33절). 양은 천국을, 염소는 지옥을 의미한다. 그렇다면 염소와 함께 선 것은 천사가 아닌 사탄일 것이다. 이 그림은 중요하다. 그림 속 푸른 천사가 서양미술 최초로 그려진 악마라고들 하기 때문이다. 이 점을 염두에 두고 다시 들여다보니 붉은 천사보다 푸른 천사가 얼굴이 고운 것도 같다.

그러니 천천히 따져보자. 사탄은 추남일까, 미남일까? 못생겼다고 볼 근거가 있다. 악마는 나쁘고 불쾌한 존재인데, 옛날 사람들은 '악(惡)'과 '추(醜)'를 굳이 구별하지 않았

‡
그림 속 파란색 '천사'가 사실은 악마일 것이라고 한다.
산타폴리나레 누오보 성당의 모자이크 〈최후의 심판〉, 6세기.

다. 고대 그리스에는 '칼로카가티아(kalokagathia)'라는 개념
이 있었다. 아름답다(칼로스, kalos) 그리고(카이, kai) 좋다(아
가토스, agathos)는 뜻이다. 착함 또는 좋음은 아름다움과 늘
붙어 다녔다. 동양에서도 그랬다. 그래서 신화와 옛날이야기
를 보면 대체로 주인공은 착하고 잘생기고 집안도 좋다. 나쁜
사람은 추레하기까지 하다.

　　반대로, 악마가 잘생겼다고 볼 근거도 있다. 신한테

❖
악마를 아름다운 모습으로 상상한 시와 그림은 옛날부터 있었다.
알렉상드르 카바넬, 〈타락천사〉, 19세기 중반.

대들다가 지옥으로 쫓겨나기 전까지, 악마의 옛날 직업은 천사였다. 천사는 본디 예쁘고 잘생겼으니까, 악마 역시 틀림없이 예쁘고 잘생겼을 것이다. 적어도 한때는 말이다. 근거는 또 있다. 악마의 현재 직업은 유혹하는 일이다. 아무래도 미남미녀가 추남보다 유혹하는 일을 더 잘하지 않을까?

그래서인지 프랑스 화가 알렉상드르 카바넬은 19세기 중반에 '타락천사'를 근육이 예쁘게 잡힌 꽃미남으로 그렸다. 그렁그렁 눈물 맺힌 빨간 눈매에 "쯧쯧, 어쩌다 그렇게 됐니?" 묻고 싶을 정도로 보는 사람 마음이 흔들린다. 악마를 연민해봤자 아무 의미 없다는 사실을 알면서도.

이 문제에 관해 17세기 존 밀턴의 《실낙원》은 흥미로운 텍스트다. 작품 뒷부분을 보면, 아담과 이브가 죄를 짓게 만든 다음 사탄과 악마들이 모여 잔치를 연다. 그러다가 바닥에 엎어져 못생긴 모습이 된다. "얼굴이 오그라져 야위고 모가 나고 팔은 갈비뼈에 달라붙고 다리는 서로 꼬이고 드디어는… 기괴한 뱀이 됨을 느끼고 반항했지만 헛된 일이었다."(10권 509행 이하) 인간을 타락시킨 일에 대해 신이 벌을 내린 것이다.

《실낙원》앞부분에서 사탄은 멋있고 매력적인 존재로 묘사된다. 카바넬의 그림도《실낙원》의 영향을 받았다고 한다.《실낙원》은 고대 서사시인《일리아스》와《오디세이아》를

지 떠 살 ~ **19**
옥 나 아
관 는 생
광 전

본떴다. 아킬레우스는《일리아스》의 주인공이고 오디세우스는《오디세이아》의 주인공이다. 최재헌 교수가 쓴 책《다시 읽는 존 밀턴의 실낙원》에 이런 설명이 나온다. "아킬레우스와 오디세우스와 같은 고전적 영웅에 가장 가까운 면모를 사탄에게서 찾아볼 수 있다." 비록《실낙원》뒷부분에서는 사탄 역시 성격도 지질하고 외모도 못생겨지지만 말이다.

악마가 고운지 미운지, 사람들은 시대마다 다르게 상상했다. 21세기는 어떤가. 악마도 죄다 미남미녀다. 악마뿐이랴. 뱀파이어도 미남미녀로 바뀌었다. 1922년의 무성영화 〈노스페라투〉의 뱀파이어까지만 해도 못생긴 존재였는데 말이다. 좀비도 언제부턴가 '훈남'이다. 〈해리 포터〉 시리즈의 악역 볼드모트 역할도 그를 주인공으로 하는 새 영화에서는 꽃미남 배우가 맡는다고 한다. SNS에서는 벌써부터 "나 볼드모트의 팬이 될래." "다시 생각해보니 해리 포터가 잘못했네." 이런 농담이 나오고 있다.

좀비도 잘생겨야 주목받는 이 외모지상주의 세상은 왠지 지옥 같다는 생각이 든다. "네가 못생겨서 그러는 것"이라고 날카롭게 지적하신다면 별수 없다. "그러는 독자님은!"이라고 나도 받아칠 수밖에.

악마는 지옥에서 무엇을 할까?

악마는 정말 지옥에 있을까? 우리가 상상하는 지옥의 풍경에는 늘 악마가 있기는 하다. 그런데 그곳에서 그들은 무슨 일을 하는 걸까?

기독교 전통에 따르면 악마는 사람을 괴롭히는 일을 좋아한다고 한다. 지옥의 악마 역시 그곳에서 사람을 괴롭힌다. 그런데 지옥에 떨어진 사람이 어떤 사람인지 생각해보자. 착한 일을 하고 바른 생활을 한 사람은 아니다. 우리는 나쁜 짓을 한 나쁜 사람이 지옥에 간다고 생각한다. 그렇다면 악마는 악인이 받아 마땅한 벌을 악인에게 주는 셈이다. 가만, 나쁜 사람을 벌주다니, 그것은 착한 사람이 할 일 아닌가? 악마가 왜 신을 도와 의로운 일을 하지? 뭔가 헷갈린다.

악마에 대해 생각할수록 혼란스럽다. 셰익스피어 같은 천재도 그랬나 보다. 《헨리 4세》 1부 1막 2장에는 이런 대화가 나온다. 망나니로 유명한 폴스태프는 "포도주 한 잔과 식어 빠진 닭고기 한 토막을 먹겠다"며 악마에게 영혼을 팔았다. 술과 고기를 먹으면 안 되는 '성 금요일'에 말이다. 친구들은 "폴스태프는 약속을 지키는 사람이니 악마에게 약속한 물건을 줄 것"이라며 폴스태프를 놀린다.

문제는 여기서부터다. 친구들은 수군댄다.

"그럼 악마와 약속을 지킨 죄로 지옥에 떨어지겠군."

"악마와 약속을 어긴 죄로 지옥에 떨어지거나."

아니, 뭔가 이상한데? 친구들도 혼란스럽다. 거짓 약속을 해서 남을 속이면 죄라고 했다. 그럼 악마를 속이는 일은 죄인가, 아닌가. 나도 헛갈린다.

신과 악마는 사이가 나쁘다고 알려졌다. 사사건건 어긋장을 놓고 무엇이든 서로 거꾸로 할 것 같다. 그런데 지옥이라는 공간을 두고 생각하면 꼭 그렇지도 않다. 조금 따져보자. 신에게 기도할 때 사람들은 '나쁜 사람이 벌을 받아야 한다'며 정의를 요구한다. 신의 처벌은 이승에서 이루어지지 않는 경우가 많다. 그래서 우리는 선악의 외상 빚을 갚을 공간, 즉 천국과 지옥이 필요하다고 생각한다. 한편 지옥은 악마의 소굴이기도 하다. 그렇다면 지옥은 신의 뜻이 통하는 공간이면서 악마의 뜻이 이루어지는 공간이기도 한 것일까. 역시 헷갈린다. 논리를 들이댈 문제는 아닐지도 모른다. 그래도 궁금하니 한 번 더 따져보자.

첫째, 지옥이 신의 힘이 미치지 않는 공간이라면? 그렇다면 지옥에서 악마가 마음껏 설친다는 점은 설명이 된다. 하지만 신을 지지하는 쪽이 난처하다. 악마의 힘이 신과 비슷하거나 신보다 더 세다는 뜻이 되니까. 선한 신과 악한 신, 둘이 세상을 나누어 지배한다고 믿는 신앙이 옛날에는 있었다고 하는데, 나중 사람들한테도 인기 있는 설명은 아니다.

둘째, 신의 힘에 한계가 없다고 치자. 그렇다면 지옥이란 '나쁜 사람들을 혼내주라'며 신이 악마에게 위임한 공간일 수도 있다. 신이 악마에게 '외주'를 맡기는 일이 도덕에 맞느냐는 문제는 잠시 미뤄두자. 신의 도덕은 인간의 머리로 헤아릴 수 없다는 말도 있으니까. 다만 궁금한 것은, 그 자존심 강한 악마가 신의 외주를 받을까? 지옥처럼 근무환경 나쁜 곳에 머물며 인과응보를 갚아주는 것은 충성스러운 천사도 하고 싶어하지 않는 궂은일이다. 기꺼이 이런 일을 맡는 존재도 있다. 불교의 지옥에 있다는 야차가 그렇다. 그런데 야차는 불법(佛法)을 수호하는 존재라고 한다. 굳이 따지면 천사에 가까울 것이다(지옥의 논리적 모순을 불교가 피해가는 방식이다).

셋째, 신은 못하는 일이 없으며 악마는 신의 뜻을 거스른다는 두 전제에 따라 이런 설명이 가능하다. 악마는 제 뜻대로 지옥을 누비는 한편, 신은 인간이 헤아리지 못하는 심오한 이유로 이를 허용한다는 것이다. 논리는 맞다. '인간이 알 수 없는 이유'란 무어냐 하는 점이 문제다. 마찬가지 '알 수 없는 이유'로 신은 현세에서 악을 허용하고 있으니 말이다. 신은 인간을 사랑한다면서 왜 인간이 알 수 없는 이유로 저승에서나 이승에서나 고통받게 내버려둘까? '신'이라는 말이 불편하다면 '우주의 원리' 같은 말로 바꾸어도 상관없다. 숱한 철학자와 사상가가 설명을 시도했지만, 누구나 만족할 만한 이렇다 할 대답을 구하지 못했다. 이것이 철학에서 유명한 '악의 문제'. 인간은 고통받는다, 현세에서도 지옥에서도.

불교에서는 죄인을 고문하는 역할을 악마 대신 야차가 맡는다.
미얀마 미술 〈지옥 그림〉, 1906.

지옥의 여신 '헬'

한때 SNS에 이런 우스갯소리가 돌았다. "나라 이름을 따서 원소 이름을 짓기도 하더라. 프랑스는 프랑슘, 미국은 아메리슘, 일본은 니호늄. 한국은 이름을 딴 원소가 없어 아쉽네." 답변이 걸작이다. "없긴 왜 없어, 헬조선이니 헬륨이잖아."

당연히 말장난이다. 헬륨의 어원은 '헬리오스', 그리스신화 속 태양신의 이름이기도 하고, 그냥 태양을 부르던 그리스 말이기도 하다. 헬조선이라는 말은 아시다시피 '헬'과 '조선'의 합성어. 그나저나 지옥을 뜻하는 '헬'이란 말은 어디서 왔을까.

'헬'은 여신의 이름에서 왔다. 북유럽신화에는 저승의 여신이 있다. 이 여신의 이름이 '헬(Hel)'이다. 여신이 사는 곳을 헬헤임 또는 그냥 헬이라 했다. 영어 '헬(hell)'의 어원이다. 그런데 이 장소는 지옥치고도 독특하다. 마침 북유럽신화의 원전인 《에다》(Edda)가 우리말로 번역되어 있으니, 다른 문화권에서 생각하는 지옥과 헬이 어떻게 같고 어떻게 다른지 비교해보자.

우선 어떤 사람이 헬에 가나? 《에다》의 설명은 이랬다저랬다 한다. '귈피의 홀림' 3장에는 악한 사람이 헬로 간다고 했다. 그런데 34장에 보면 헬에는 '늙어 죽거나 병들어 죽은 사람'이 거주한다는 것. 늙어 죽거나 병들어 죽은 사람은 평화롭게 죽음을 맞은 사람이다. 과거 북유럽 사람들은 싸움을 즐기던 전사로 유명하다. 이 싸움꾼들이 보기에, 평화롭게 죽으면 나쁜 사람이고 전쟁터에서 죽어야 의로운 사람이었다는 걸까? 나같이 싸움 싫어하고 가늘고 길게 살기를 바라는 사람은 '지옥에 갈 놈' 소리를 들었을지도 모르겠다.

북유럽신화에도 천국 비슷한 곳이 있다. '올바른 믿음을 가진 사람'이 간다는 '김레'도 있지만, '발할'이라는 이름의 낙원이 유명하다. 그런데 발할은 흔히 상상하는 천국과 퍽 다르다. 발할의 거주민은 전쟁터에서 싸우다 죽은 용사들이다. 잠에서 깨자마자 무기를 집어 들고 뛰쳐나가 자기들끼리 싸워 상대를 찢어놓는다. 아침마다 이 짓을 되풀이한다나. 천국의 거주민 절반 이상이 칼질당해 너덜너덜 찢긴다는 뜻인데, 마법의 솥에 넣고 푹푹 삶아내면 다시 멀쩡해진다고 한다. 그래서 이런 어처구니없는 싸움을 날마다 반복하는 것이다. 이런 살벌한 곳이 천국이라면 나는 가고 싶지 않다.

그런데도 옛날 북유럽 사람은 별일 없이 지낼 수 있는 헬이 아닌 날마다 갈기갈기 찢긴다는 발할에 가고 싶어했다. 왜 그렇게 헬을 싫어했을까?《에다》에는 죽은 사람을 꼬챙이로 찌르며 괴롭히는 지옥의 악마 이야기도 나오지 않는데 말이다. 전사 사회는 명예를 중시한다. 이 사람들 생각에는 싸움터에서 죽어야 명예로운 것이고, 평화로운 죽음은 수치였다는 것이다. 늙어 죽게 된 바이킹이 전사자 대접을 받고 싶어 칼과 창으로 자해했다는 이야기가 있다. 일본의 무사가 병을 앓던 중 '평화롭게 죽기란 무사로서 부끄럽다'며 할복을 했더라는 이야기도 있다. 어쩌면 헬의 날씨를 싫어했을 수도 있다. 헬의 위치를 보면, 이곳 날씨가 어떠할지 짐작이 가지 않은가.

북유럽신화에서는 신도 죽는다. 발드르라는 신이 로키라는 신의 못된 장난 때문에 목숨을 잃었다(영화 〈토르〉에 나오는 그 로키 맞다). 전쟁터에서 죽은 것이 아니니, 신들 가운데 가장 잘생겼고 가장 똑똑하며 가장 사랑받았다던 발드르 역시 헬에 갈 수밖에 없다.

'귈피의 홀림' 49장에는 헤르모드라는 신이 죽은 발드르를 만나러 헬을 방문하는 이야기가 있다. 이런 신화가 대개 그렇듯 발드르를 되살리지는 못했지만 말이다. 그런데 헤르모드는 어떻게 헬을 찾아갔을까? 말을 타고 "9일 밤 동안 아무것도 보이지 않는 검고 깊은 계곡을" 달린 후 "아래쪽 북쪽"으로 향했다. 여기서 두 가지 대목이 눈에 띈다. ① 헬은 저세상이 아니라 이 세상에 있으며 ② 멀리 북쪽, 심지어 볕도 들지 않는 장소라는 것이다.

얼마나 추웠을까! 오늘날 아이슬란드에서 가장 큰 빙

북유럽신화에서 헬은 여신의 이름이자 여신이 다스리는 저승의 이름이기도 하다.
존 찰스 돌먼, 〈헬 여신 앞의 헤르모드〉, 1909.

하의 이름이 헬헤임이다. 거대한 얼음덩어리에 어울리는 작명 센스랄까. 옛날 북유럽 사람들이 헬 또는 헬헤임을 끔찍한 지옥으로 여긴 점도 이해가 간다. 이곳의 다른 이름은 '니플헤임'. 안개의 땅이라는 의미다. 안개까지 끼었다니 얼마나 차갑고 스산할까. 추위에 시달리던 사람들이 상상한 지옥은 몹시 추운 곳이었다.

그런데 뭔가 낯설다. 지옥이라고 하면 우리는 보통 뜨거운 곳을 떠올리기 때문이다. 우리는 '지옥 불처럼 뜨겁다'라는 말이 무슨 뜻인지 안다. 지옥에 가본 적도 없는데 말이다. 헬조선이라는 말도 여름이면 뜻이 바뀌어 '지옥 불처럼 뜨거운 땅'이라는 의미로 쓰이기도 한다.

우리에게 익숙한 '뜨거운 지옥'은 그리스도교에서 믿는 지옥인 것 같다. 히브리 사람들이 전통적으로 믿어오던 지옥의 이름은 '게헨나'. 자세한 소개는 《성서》에 나오지 않지만 마르코 복음에는 "지옥의 불은 꺼지지 않는다"는 구절이 있다(9장 43절, 46절). 쉴 새 없이 불이 타오르는 장소였을 것이다. 이에 영향을 받았는지 이슬람의 지옥 '자한남' 역시 뜨거운 장소로 묘사된다.

흥미로운 것은 그리스도교와 유대교가 시작된 팔레스타인 지역도, 이슬람의 발상지 아라비아반도도 모두 무척 더운 지역이라는 점이다. 무더위에 시달리던 사람들이 지옥은 뜨거운 곳이라 믿었다는 사실이 단지 우연일까?

불지옥과 얼음지옥이 모두 등장하는 지옥도 있다. 불교의 지옥과 이탈리아의 시인 단테가 상상한 《신곡》의 지옥이 그러하다. 《신곡》에 등장하는 지옥은 백화점식이다. 뜨거운 지옥, 차가운 지옥, 고문당하는 지옥이 다 들어 있다. 그렇다면 지옥 중의 지옥, 지옥의 가장 깊은 곳, 죄인 중에 가장 큰 죄를 지은 이들이 갇힌 지옥은 어떠한 곳일까? 단테에 따르면 꽁꽁 얼어붙은 추운 장소라고 한다.

이탈리아는 여름이 무척 더운 곳인데 어째서 불지옥보다 얼음지옥이 더 괴롭다고 생각했는지 궁금할지도 모르겠다. 단테의 고향 피렌체가 여름에 뜨거운 것은 사실이다. 그런데 이탈리아는 여름이 건조하고 겨울이 축축하다. 건물이 대부분 돌로 지어져서 여름에는 건물 그늘에 들어가 있으면 견딜 만하다. 그러나 겨울이면 돌로 된 벽에서 축축한 냉기가 스며 나와 지내기 괴롭다고들 한다. 피렌체를 가로지르는 아르노강이 범람해 집과 문화유산이 진흙에 뒤덮이는 끔찍한 수해가 발생하는 때도 겨울이다. 단테의 얼음지옥은 혹시 피렌체의 겨울과 관련이 있지는 않을까 상상해본다.

보살들은
왜 지옥에 갔나?

지옥에 간 지장보살

크리스마스 이야기를 해보자. 이날은 예수의 생일이다. 그런데 예수는 왜 로마제국의 후계자로 태어나지 않았을까? 어렵고 힘든 과정을 건너뛴 채, 자신의 가르침을 직접 제국의 국교로 선언하는 편리한 길을 놔두고 말이다. 그러는 대신 예수는 일부러 "베들레헴의 말구유, 천하고 냄새나는 형편없는 곳인 말구유에서"• 태어났다.

　　불교에도 그런 분이 있다. 지장보살이다. 불교에서 깨달은 자는 열반에 이른다고 했다. 고통 없는 세상에 갈 수 있다는 뜻이다. 그러나 지장보살은 깨달음을 얻고도 그렇게 하지 않았다. 일부러 형편없는 곳 중에도 형편없는 곳인 지옥을 선택해 환생했다. 지옥에서 고통받는 중생 모두가 부처가 되는 그때 자기도 고통 없는 세상에 가겠다는 약속을 하고 말이다. 크리스마스를 생각하면 나는 지장보살이 떠오른다.

불교 경전《지장보살본원경》을 보면, 깨달음 이전에 지장보살이 어떻게 살았는지가 나온다. 한 번은 백성을 가르치는 임금이었고, 한 번은 세상을 구하려는 부잣집 아들이었다. 불교의 세계관에서 보살이 되려면 서원이라는 약속을 한다. 해탈하면 고통을 벗어날 수 있지만, 스스로 '미션'을 부과하고 그 미션을 '완료'할 때까지는 해탈을 미루겠다고 약속하는 일이다. 경전 속 임금과 부잣집 아들의 서원은 무엇인가? "내가 훗날 깨달음을 얻는다면, 저 불쌍한 사람들을 위해 지옥에 거듭나겠다"는 약속이었다. 감동적이다. 그렇지만 남자로 살았던 두 편의 이야기는 솔직히 재미있지는 않다. 능력 있고 착한 사람이 착하게 일을 하고 착하게 약속을 하는 이야기이기 때문이다.

여성으로 산 두 편의 전생담이 눈에 띈다. 두 이야기는 서로 닮았다. 한 번은 광목이라는 이름으로 살았고, 한 번은 인도에서 가장 지위가 높은 브라만 집안의 딸로 태어났다. 브라만으로 살았던 시절의 이야기를 보자. 딸은 돌아가신 어머니가 어디로 가셨을까, 혹시나 지옥에 가시지는 않았을까 걱정이었다. 그래서 전 재산을 팔아 공양을 올렸다.

경전에는 이렇게 되어 있다. "이때 부처님이 바라문녀에게 말씀하시기를, '네가 공양 올리기를 마치고 일찍이 집으로 돌아가서 단정히 앉아 나의 이름을 생각하면 곧 너의 어머니 난 곳을 알 것이다.' 그때 바라문녀가 예불하기를 곧 마치고 즉시 집으로 돌아가서 어머니를 생각하며, 단정히 앉아 부처를 생각하되 하룻밤 하룻낮이 지나자 문득 자신이 한 바닷가에 와 있었다. 그 물이 끓어오르고 모든 악한 짐승이 쇠로 된 몸으로 바다 위를 날아다니며 동서로 달렸다. 모든 남자, 여인 백천만 명이 바닷속에 출몰하다가 악한 짐승의 밥이 됨을 보았다. 또 보니 야차들의 그 모양이 각각 다르되 혹 손이 많고 눈이 많으며 발이 많고 머리가 많으며, 어금니가 밖으로 나와 날카롭기가 칼 같았다. 모든 죄인을 몰아다가 악한 짐승에게 데려다주고, 다시 때리고 움켜잡아서 머리와 발을 하나로 묶었다. 그 형상이 만 가지라 차마 오래 보지 못하였다. 그러나 바라문녀는 부처님을 생각하는 원력으로 자연히 두려움이 없었다."

살아있는 몸으로 지옥에 여행을 오다니, 단테의《신곡》과 비슷하다. 지옥에서 현지 가이드를 만난다는 점도 똑닮았다. 이름은 무독, 지옥의 관리직 공무원인 '귀왕'이었다.

지장보살을 그린 고려시대의 아름다운 그림이 여럿 남아 있다.
〈지장보살도〉, 14세기 후반, 미국 메트로폴리탄 박물관 소장.

무독귀왕이라 불리는 인물이다. 주인공이 시시콜콜한 것을 물어도 무독귀왕은 친절히 대답한다. 지옥의 구조도 상세히 알려준다.

마지막으로 딸이 물었다. "어머니가 지옥에 있나요?" 무독귀왕이 대답했다. "효성 깊은 딸이 집을 팔아 공양한 덕분에 어머니뿐 아니라 동료 죄인들도 지옥을 벗어나 천상에 환생했습니다." 나름 해피엔딩이다. 주인공은 "먼 미래까지 지옥의 죄인들을 해탈하도록 돕겠다"고 약속한다. 그래서 나중에 지장보살이 된다(무독귀왕은 지장의 곁에 선 협시보살이 된다. 지장보살의 보좌관이 된 셈이다).

지장보살을 그리거나 보살상을 만드는 자는 "삼백 번이나 천상에 환생하고 천복이 다해 인간 세상에 태어난대도 나라의 임금이 된다"고 했다. 그렇다면 혹시 나도? 헛된 희망을 품어보지만 아쉽게도 한 사람이 이 종교 저 종교의 혜택을 모두 누릴 수 있는 것은 아니다. 가톨릭을 믿는 나는 불자가 아니니 지장보살의 덕을 바로 입지는 못할 것 같다. 아깝다.

그래도 그리스도교인이 지장보살을 떠올리며 누리게 될 복락이 있다. 적어도 우리가 지금 사는 이승을, 서로 자기 종교만 옳다며 싸우는 지옥으로 만들지 않을 수는 있다. 그리스도교인을 자처하는 사람이 신의 계시를 받았다며 불교 시설에 불을 지르거나 훼손하는 일이 가끔 있다. 이런 뉴스를 들을 때마다 사람들은 눈살을 찌푸린다.

"불교는 가톨릭의 좋은 이웃이다." 프란치스코 교황이 불교 신자가 많은 태국을 방문해 전한 말이다. 종교를 가진 사람끼리 사이좋게 지내는 모습은 아름답다. 크리스마스 무렵이면 서울 조계사는 사찰 입구에 크리스마스 트리를 설치하고 점등식을 연다. 이런 광경을 보면 어쩐지 뭉클하다. 보살께도 이렇게 인사드리고 싶다. 메리 크리스마스, 지장보살님!

데바닷타는 지옥에 있을까?

잊을만 하면 신흥종교와 관련한 사고가 터지곤 한다. 1987년 오대양 사건, 1992년 휴거종말론 소동, 2014년 구원파 사건 등이 그렇다. 적고 보니 문자 그대로 세상을 떠들썩하게 만든 굵직굵직한 사건들이다. 2020년을 떠들썩하게 만들었던 신천지 코로나19 집단감염 사건만 해도, 이 사건들과 함께 떠올리기 미안할 정도다. "한국에 하느님 20명, 재림예수 50명 있다." 한때 화제가 되었던 《한겨레21》의 기사 제목이다. 풍자하기 좋아하는 사람은 '재림예수101' 프로그램을 만들어야 하는 것 아니냐고도 한다. 한편 신흥종교를 나쁘게만 말하지 말라는 쪽은 지금 존중받는 기성종교도 처음에는 신흥종교

아니었느냐고 지적하는데, 판단은 각자의 몫일 것이다. 신흥
종교 교리의 옳고 그름을 따지는 일은 내 관심이 아니다.

지옥 문제에 관심 많은 나로서는 신흥종교의 창시자
가 가지는 특권이 대단해 보인다. 이 특권은 한마디로 '지옥
설계권'이다. 지옥이 이렇게 생겼다고 한마디씩 던지면 나중
에 경전 편찬자들이 지옥의 모습을 정리해줄 것이다.

종교 창시자는 누가 지옥에 가고 누가 지옥에 가지 않
는지 정할 권리도 있다. 자기 마음에 들지 않는 사람이나 파
벌을 지옥에 집어 넣어버려도 나중 사람이 그럴듯하게 해석
해줄 것이다. 그런데 새 종교를 만든 사람에게 좋지 않은 점
도 있다. 다른 종교에서 저 사람은 지옥에 갈 것이라며 그를
자기네 지옥에 넣어버릴 확률이 몹시 높다. 종교개혁 당시 가
톨릭은 개신교 지도자들을 파문했고, 개신교 쪽에서는 교황
을 지옥의 악마로 묘사한 팸플릿을 찍어내 응수했다. 종교는
경쟁이 치열한 분야다.

억울한 사례 중 하나로 데바닷타의 경우를 꼽을 수 있
을 것이다. 데바닷타는 석가모니의 성실한 제자였다. 엄격한
수행으로 불교를 믿던 사람들 사이에서 한때 주목을 받았다.
그런데 자기에게도 남에게도 지나치게 엄격하게 구는 게 문
제였던 것 같다. 부처님의 다른 제자들과 불화를 빚고 뛰쳐 나
와 결국 자기 교단을 세웠다. 여기까지는 있을 법한 이야기다.

그런데 그다음에 일어난 일에 대해서는 미심쩍은 이야기가 전해진다. 앙심을 품은 데바닷타가 부처님을 암살하려고 별별 음모를 꾸몄다는 것이다. 절벽 위에 숨어있다가 바위를 굴렸다거나 성난 코끼리를 풀어놓기도 했다는 따위의 이상한 이야기가 있다. 이 방법들이 통하지 않고 자신의 교단이 기울자, 마침내 자기 손톱에 직접 독을 바르고 석가모니에게 달려들었다나. 이때 데바닷타의 발밑에서 땅이 꺼지는 바람에 산 채로 지옥에 떨어졌다는 것이다. 암살 계획치고 너무 조잡하다는 점은 둘째치고, 데바닷타의 인물 묘사 자체가 이상하지 않은가. 앞의 데바닷타와는 다른 사람 같다. 나처럼 이야기 만드는 사람들끼리는 이럴 때 '캐릭터의 일관성이 떨어진다'는 표현을 쓴다.

　　역사 속 데바닷타는 어떠했을까. 당나라 스님들이 인도에 다녀와 남긴 기록이 있다. "이 구멍은 땅이 열려 데바닷타가 지옥으로 빠진 곳입니다." 성지순례 가이드가 큰 구멍을 보여주며 이렇게 말했단다. 사실 여부를 떠나 데바닷타의 암살 미수설이 그때만 해도 인도와 중국의 불교 신자들 사이에 널리 퍼져 있었다는 근거일 것이다.

　　반면 "데바닷타를 따르는 신자들이 수백 년이 지난 아직도 인도에 남아 불교 교단과 경쟁 중"이라는 스님의 기록도 있다. 데바닷타가 불교에서 갈라져 나온 신흥종교의 창시자였다는 의미다. 데바닷타의 종파도 과거의 부처님들을 섬기는데(불교는 시대에 따라 여러 부처님이 있다고 믿는다) 다만 석가모니 부처는 섬기지 않는다고 한다. 두 교단의 불편한 관계를 짐작할 수 있는 부분이다.

이렇게 보니 그가 지옥에 떨어졌다는 이야기도 다르게 읽힌다. 혹시 옛 교단과 새 교단이 다투던 중, 새 교단은 옛 교단의 지도자를 존중하지 않고, 옛 교단은 새 교단의 지도자가 지옥에 가리라고 선언하는 그런 상황은 아니었을까. "산 채로 지옥에 떨어졌다"고 경전에 기록되다니, 데바닷타로서는 억울할 노릇이리라. 그래서인지 나중에 나온 불교 경전에는 데바닷타가 석가를 해치려던 것이 아니며 지옥에 가지도 않았다는 해석도 있다고 한다.

그런데 신흥종교 창시자처럼 수고하지도 않으면서 제 마음대로 지옥을 짓는 사람들이 있다. 바로 시인과 이야기꾼이다. 호메로스가 《오디세이아》에서 저승 여행 장면을 묘사한 뒤로, 《신곡》을 쓴 단테도 《가르강튀아》를 쓴 라블레도, 숱한 이야기꾼들이 자기 마음대로 지옥을 만들고 자기가 싫어하는 사람을 지옥에 마구 집어넣었다. 종교 지도자와 진지한 철학자가 보기에 못마땅했을 것이다.

그래서 여러 종교와 도그마적인 철학에서 시인과 작가는 대접이 좋지 않다. 가톨릭의 교황청은 한때 '부도덕한 작품을 쓰는 작가'들과 갈등을 빚었고 이슬람의 예언자 무함마드도 시인을 좋아하지 않았으며 철학자 플라톤은 시인 추방론을 논했다. 아무려나, 시인이나 이야기꾼이 모인 저승의 공간이 있다면 그 말석에 내 자리가 작게나마 놓이기를 바랄 뿐이다.

세 명의 두자춘과 엄마

옛날 중국에 두자춘이라는 사람이 살았다. 돈을 물 쓰듯 하다 빈털터리가 되었는데, 도사가 나타나 선뜻 큰돈을 쥐여주었다. 두자춘이 그 돈마저 날리자 도사가 또 나타나 더 큰돈을 주었다. 하지만 이번에도 두자춘은 그 돈을 탕진하고 마는데….

　　세 번째로 도사가 나타나 더 큰돈을 주자, 두자춘도 이번에는 돈을 헛되이 쓰지 않았다. 그 돈으로 고아와 과부와 억울한 일을 당한 사람들을 돕고는, 도사를 만나 산으로 들어갔다. 향락도 누릴 만큼 누렸겠다, 의미 있는 일도 해보았겠다, 이제 속세에 미련이 남지 않았기 때문이리라.

　　두 편의 소설이 이렇게 시작한다. 하나는 옛날 중국 당나라 때 소설 《두자춘전》이고, 다른 하나는 20세기 일본의 작가 아쿠타가와 류노스케가 다시 쓴《두자춘》이다. 두 번째 작품은 제법 유명하다. 문학평론가 유종호 선생은《나의 해방 전후》라는 책에서 일제강점기 시절 초등학교 선생님이 수업 대신 '두자춘' 이야기를 들려준 일이 있었다고 회고한다.

두자춘은 도사를 따라 신선이 되기로 했다. 그런데 신선이 되려면 시험을 통과해야 한다. 이제부터 일어날 일은 모두 환상에 지나지 않는다는 사실을 잊지 말고, 어떤 일이 일어나더라도 밤새 입을 열지만 않으면 된다. '애걔, 그것만 하면 신선이 될 수 있어? 간단한데!'라고 생각할 수도 있지만, 소설을 보면 이것은 아주 어려운 시험이었다.

과연 어떤 시험이었는지는 두 작품이 각각 다르다. 먼저 아쿠타가와가 쓴 일본 소설을 보자. 도사가 떠나고 홀로 남은 두자춘에게 무시무시한 초자연적 존재들이 찾아온다. 입을 열라며 윽박지르고 고문하고 끝내는 두자춘을 죽인다. 그래도 두자춘은 입을 열지 않는다. 이 모든 것이 환상이라는 도사의 말을 잊지 않았기 때문이다.

두자춘은 지옥에 떨어진다. 지옥에서 온갖 형벌로 괴롭힘을 당하면서도 두자춘은 입을 열지 않는다. 그런데 예상치 못한 일이 벌어진다. 지옥의 옥졸이 아름다운 하얀 말 한 마리를 끌고 온 것이다. 두자춘은 그 말이 자기 어머니의 혼령임을 알아차린다. 두자춘이 보는 앞에서 "입을 열지 않으

일본 소설 《두자춘》에는 지옥의 옥졸이 흰 말을 끌고 나오는 장면이 나온다. 두자춘은 흰 말로 보자마자 자기 어머니의 혼령이라는 사실을 깨닫는다.
세 가지 두자춘 이야기에 대한 김태권의 일러스트, 2015.

면 어머니의 목을 자르겠다"고 협박하는 것이다. 어머니는 두자춘이 신선이 되기를 바란다는 듯이 곱게 목을 드리운다. 두자춘은 어떤 선택을 할까? 직접 읽어볼 독자를 위해 이후 이야기는 아껴두겠다.

    당나라 때 소설은 다르다. 두자춘이 귀신에게 살해당하고 지옥에 떨어지는 것까지는 같다. 지옥에 가서도 두자춘은 염라대왕의 노여움을 사 온갖 고문에 시달리지만 끝내 입을 열지 않는다. 지옥의 모든 형벌을 겪어 더는 괴롭힘당할 거리가 없자, 두자춘은 마침내 이승에 환생한다. 두자춘의 새로운 일생 이야기가 소설의 마지막 부분이다.

    여기서 여러분은 조마조마할 것이다. 협박당하고 목

이 잘린 후 지옥의 고통까지 겪었는데, 그다음에 이승에 돌아오다니 대체 어떤 괴롭고 비참한 존재로 환생할 것인가? 그런데 웬걸! 두자춘은 유복한 집안에서 태어나 "용모가 당대에 견줄 상대가 없을 정도로 뛰어난" 미녀로 자랐으며 시집도 괜찮게 갔다. 남편은 이 여인(두자춘의 환생)을 무척 사랑했으며, 둘 사이에 태어난 사내아이는 "당해낼 사람이 없을 정도로 총명"했다. 어째서 두자춘의 새로운 인생이 이렇게 잘 풀렸을까? 사실은 더 큰 고통을 당하기 위해서였다.

지나친 사랑이 문제였을까. 멀쩡하던 남편이 믿을 수 없는 짓을 저지른다. 두자춘이 평생토록 자기 말에 대꾸가 없자 절망과 분노에 사로잡힌 것이다. "당신이 나를 이렇게 업신여기는데, 우리 사이에 자식이 무슨 소용이오!" 남편은 두 살배기 아들의 발을 잡아 돌 위에 머리를 내리쳤다. 피가 여러 걸음 밖으로 튀었다. '아이, 우리 아이, 내 사랑하는 아이.' 엄마 두자춘은 그만 도사와의 약속을 잊었다. 그의 입에서 "아!" 하는 탄식이 새어 나왔다.

그러나 이것이야말로 시험의 최종 관문이었다. 탄식을 내뱉자마자 두자춘은 환상에서 깨어났다. 시험에서 떨어진 것이다. 어안이 벙벙한 두자춘 앞에 도사가 나타나 탄식한다. "그대는 인간의 모든 감정을 이미 끊어냈건만, 끝내 '사랑(愛)'의 감정은 떨쳐내지 못했구나. '아!' 하는 소리만 내지 않

당나라 소설 《두자춘전》에서 두자춘은 '어머니의 아들'이
아니라 '아이의 어머니'로 환생한다.
주제 역시 아쿠타가와의 《두자춘》과는 정반대다.
세 가지 두자춘 이야기에 대한 김태권의 일러스트, 2015.

았더라도 신선이 될 수 있었을 텐데.”

　　세상 모든 것에서 자유롭고 싶다면 인간적인 감정, 특
히 사랑을 끊어야 한다는 것이 당나라 소설 《두자춘전》의 첫
번째 주제다. 신선은 자유로운 존재다. 사회의 관습에도, 자연
법칙에도, 심지어 인간의 감정에도 구애받지 않기 때문이다.
사랑에 휘둘리는 바람에 마지막 한 문제를 틀려 ‘신선 입시’에
낙방한 후배 두자춘의 모습이, 도사가 보기에 얼마나 딱하고
안타까웠을까? 절대적인 자유 앞에 하룻밤 환상과 같은 인간
의 감정은 얼마나 하찮은가? 정말로 자유로운 존재가 되고 싶
다면, 사랑은 끊어야 할 한갓된 환상에 지나지 않는다.

　　하지만 그렇게 해서라도 신선이 되어야 할까? 인간이

인간인 한, 결국 사랑을 끊지 못하고 자유로운 존재가 될 수 없다는 것이 이 작품의 두 번째 주제라고 생각한다. 특히 부모와 자식 사이의 사랑은 끊고 싶다고 끊을 수 있는 것이 아니다. 두자춘도 그렇지만, 어떤 사람은 자기 자신의 목이 잘려도 뜻을 굽히지 않을 수 있다. 그래서 신념을 위해 목숨 바치는 사람을 우리는 진정한 자유인이라며 존경하는 것이다. 하지만 어린 자식에 대한 사랑에서 자유롭기란 힘들다.

인간은 자유를 원한다. 하지만 인간은 사랑도 원한다. 사랑을 하면 해야 하는 일도 많아지고 하지 말아야 할 일도 늘어난다. 그렇다고 사랑을 끊을 수 있나? 사랑 없이 어떻게 살란 말인가. 마음 붙일 곳 없이 인간이 어떻게 인간으로 살아갈 수 있나. 사랑은 이른바 인간의 조건(라틴어로 콘디티오 후마나, conditio humana)이다. 인간은 사랑 때문에 괴롭지만 사랑을 벗어날 수 없고, 그 때문에 도리어 인간답다는 아이러니로 당나라 소설《두자춘전》을 해석할 수도 있겠다.

'환생하여 스펙터클하고 파란만장한 일생을 보냈는데 정신을 차리고 나니 아차차 하룻밤 꿈'이라는 이야기를 좋아하는 나로서는 참 인상 깊게 읽은 이야기다. 전체 줄거리는 그리스 현대 소설가 니코스 카잔차키스의《최후의 유혹》과 비슷하다. 예수가 십자가에 못 박혀 숨을 거두기 직전 '구세주 그리스도로 살지 않고 평범한 목수의 삶을 택했다면 결혼도 하고 살림도 차리고 이렇게 살았을 것'이라는 환상을, 마치 정말 일어나는 일처럼 그려낸 소설이다. 하지만 중국 소설 《두자춘전》의 결말이 나는 더 충격적이었다.

어떻게 천 년도 더 전에 《두자춘전》과 같은 이야기를 지어냈을까? 그런데 그보다 더 오래된 이야기가 있다. 당나라의 현장은 두자춘의 이야기보다 오래된 인도의 전설을 전한다. 손오공이 주인공인 중국의 판타지 《서유기》에 나오는 삼장법사가 바로 현장 스님이다. 인도로 순례를 다녀온 후 《대당서역기》라는 책을 남겼는데, 다음은 그 7권에 나오는 이야기다.

인도 바라나시의 어느 은사(구도자)가 위험한 수행을 했다. 어느 종교인지 어느 종파인지는 정확히 알 수 없다. 《대당서역기》에는 선인이 되고자 했다고 나오는데, 배경이 인도이니 도가사상에 나오는 신선일 것 같지는 않다. 그런데 이 종교의 의식이 퍽 독특하다. 밤새 은사의 열사(보디가드)가 말 한마디 않고 옆에서 지켜주지 않으면 둘 다 위험에 빠진다는 것이었다.

'두자춘'의 역할을 맡은 쪽은 열사였다. 환상 속에서 그는 매 맞고 목이 잘린 후 "남인도의 대바라문 집안에서 환생"한다. 65년이나 브라만으로 살면서 말 한마디 않고 버텨냈으나, 어느 날 아내가 "어린 자식을 죽이겠다"고 협박하자

《대당서역기》에 전하는 인도 바라나시의 은사와 열사 전설은 당나라 소설 《두자춘전》과 꼭 닮았다. 세 가지 두자춘 이야기에 대한 김태권의 일러스트, 2015.

그도 역시 허물어졌다. "그 아이를 죽여서는 안 된다"고 열사는 소리를 질렀다. 그 순간 환상은 사라졌다. 그리고 종교의식도 실패로 돌아갔다. 신령한 불길이 은사와 열사를 덮치자 그들은 근처 연못에 뛰어들어 목숨을 건졌다나.

바라나시 지방의 연못에 얽힌 전설을 현장이 전한 것이다. 디테일만 조금 다를 뿐 정말 닮은 이야기다. 연구자들은 바라나시의 전설을 중국 소설가가 번안하여 《두자춘전》을 썼다고 생각한다.

인도의 열사, 당나라의 두자춘, 아쿠타가와 류노스케의 두자춘, 이렇게 세 가지의 두자춘 이야기가 있는 셈이다. 인도와 당나라의 이야기는 '아이를 향한 부모의 내리사랑은 끊어버리기 힘들다'라는 주제를 담았다. 반면 20세기 소설은 '어머니를 향한 사랑을 끊어서야 되겠는가'라는 주제로 바뀌었다.

그런데 여기에는 슬픈 뒷이야기가 있다. 정작 아쿠타가와 자신은 어머니의 사랑을 받으며 자라지 못했다는 사실이다. 어린 시절 어머니가 정신이상을 겪고 얼마 안 가 세상을 떠나는 바람에 다른 집에서 더부살이했기 때문이다. 《두자춘》에서 그가 적어 내려간 어머니의 사랑은, 그러므로 자기가 직접 겪은 것이 아닌 상상 속의 사랑이었을 것이다. 충분히 누리지 못한 사랑, 그 애틋함, 소설 자체보다도 이 부분이 더 마음 아프게 느껴진다.

《대당서역기》에서 '두자춘 이야기'를 찾아 읽을 무렵 개인적인 일이 있었다. 딸이 태어났고 며칠 사이에 할머니가 돌아가셨다. 이 시대 한국 가정이 대부분 그렇지만 우리 집안도 사연이 평탄하지만은 않다. 수십 년의 굴곡진 이야기들이 있다. 할머니와 아버지, 아버지와 나, 나와 갓 태어난 딸 사이의 일로 마음이 복잡했다. 내 기억 속 할머니와 아버지는 어머니와 아들로서 서로 사랑했고 그 시대 어른들답게 사랑의 표현에 서툴렀다. 두 사람은 종종 다투었고 할머니 말년에는 서먹한 관계였다. 딸이 태어났을 때 나는 이 일로 할머니와 아버지가 아이 앞에서 못 이기는 척 화해하기를 바랐다. 그런데 그러지 못했다. 두 사람은 서로에게 미안하다는 말을 할 기회가 없었다.

얼마나 많은 한국의 가정이 같은 일을 겪고 있을까? 미안하다는 말과 사랑한다는 말을 제때 하지 못하여 후회하고 있을까? 나는 할머니의 장지에 다녀온 후 세 명의 두자춘 이야기를 다시 읽었다.

그리스신화 속 영웅과
악인들의 지옥 여행

최초의 지옥 여행객, 오디세우스

그리스신화 속 영웅과 악인을 우리는 지옥에서 만날 수 있다. 그중에도 가장 유명한 인물은 지옥 여행의 원조인 오디세우스다. 오디세우스를 만나러 불지옥으로 가보자.

불지옥은 종교마다 문화마다 다른 모습으로 존재한다. 불교에는 죄인의 입과 항문에 끓는 구리물을 붓거나 죄인을 끓는 쇳물에 집어넣는 지옥이 있다. 구리의 녹는점은 1000도, 철의 녹는점은 1500도가 넘는다. 끓는 기름이나 끓는 물도 사용한다. 튀김을 할 때 기름은 200도가 안 되며, 물의 끓는점은 100도다.

한편 기독교의 게헨나와 이슬람의 자한남 등 유명한 불지옥은 죄인에게 직접 불을 댄다. 불길이 사람 영혼을 연료 삼아 영원히 타오른다나. 사람의 영혼이 이처럼 대단한 에너지 자원일 줄은 몰랐다. 아무튼 이런 곳에 떨어지면 비명 지르기 바빠 연비 계산할 틈도 없겠지만 말이다.

단테의 《신곡》에도 불지옥은 어김없이 등장한다. 지옥 외곽의 죄인보다는 무거운 죄를, 얼음 지옥에 가는 죄인보다는 가벼운 죄를 지은 사람들이 머무는 장소다. 그런데 불지옥 깊은 곳에 오디세우스가 있다. 그리스신화에 나오는 유명한 영웅 말이다. 단테와 단테의 안내자 베르길리우스는 지옥 여행을 하다가 오디세우스를 만난다. 이렇게 하여 단테와 베르길리우스와 오디세우스가 한자리에 모인다.

지옥에서 오디세우스를 만나다니! 나처럼 고전문학 좋아하는 사람한테는 가슴 설레는 이야기다. 왜 그런지 이야기하려면 세 편의 서사시를 간단히 소개해야 한다.

지옥 여행으로 제일 유명한 서사시는 이탈리아의 시인 단테가 14세기에 쓴 《신곡》이다. 《신곡》 가운데 〈지옥 편〉이 가장 유명하고 사랑(?)받는 이야기다. 단테는 지옥을 두루 여행한다. 그에게는 안내자가 있다. 기원전 1세기 로마 시인 베르길리우스다.

Ulysse descend aux enfers, par les conseils de Circé, pour y consulter l'ombre de Tyrésias.

✢
서양문학 속 지옥 여행의 원조는 오디세우스의 저승 여행이다.
존 플랙스먼, 〈저승에 간 오디세우스〉, 1810.

베르길리우스가 안내를 맡은 이유가 있다. 첫째, 베르
길리우스는 위대한 로마 시인이었고, 단테 역시 그를 존경했
다. 둘째, 그가 쓴 서사시 《아이네이스》에도 저승 여행 장면
이 나온다. 서사시의 주인공은 아이네아스. 베누스 여신의 아
들이고 트로이아의 장군이다. 그는 트로이아가 망한 다음 난
민들을 이끌고 지중해 세계 이곳저곳을 떠돌아다닌다. 예언

을 받으러 저승에도 간다. 《신곡》은 《아이네이스》의 저승 여행 장면을 본으로 삼았다.

그런데 베르길리우스보다 앞선 사람이 또 있다. 기원전 8세기경 활약했다고 알려진 유명한 시인 호메로스의 《오디세이아》가 '저승 여행' 이야기의 원조다. 《오디세이아》의 주인공 오디세우스는 당시 알려진 세계 구석구석을 떠돈다. 그가 죽은 예언자를 만나러 저승에 갔다가 먼저 죽은 이 사람 저 사람을 마주치는 장면이 있다.

요약하면 이렇다. 서양에는 저승 여행으로 유명한 서사시 세 편이 있다. 하나는 오디세우스가 주인공인 그리스 서사시 《오디세이아》, 또 하나는 베르길리우스가 쓴 로마 서사시 《아이네이스》, 세 번째는 중세 사람 단테가 쓴 《신곡》이다. 그러니 오디세우스와 베르길리우스와 단테 세 사람이 마주친다는 것은, 고대와 중세 문학의 저승 여행 3대가 바로 그 저승에서 모였다는 의미다. 어찌 설레지 않을까(나만 신난 것 같긴 하지만).

오디세우스는 세상에 알려지지 않은 자기의 마지막 모험 이야기를 들려준다. 고향에서 편하게 살아갈 수도 있었다. 하지만 오디세우스는 그러지 않았다. 세상의 끝을 향해 새로운 모험을 떠나자고 사람들을 설득했다. 김운찬 선생의 번역으로 읽어보자. 〈지옥 편〉 제26곡이다.

"(세상의 끝을) 경험하고 싶은 욕망을 거부하지 마라. 그대들의 타고난 천성을 생각해보라. (우리는) 짐승처럼 살려고 태어난 것이 아니라 덕성과 지식을 따르기 위함이었으니."

오디세우스답다. 멋이 철철 넘친다. 이 말에 홀려 일행은 여행을 계속했고 결국 세상의 끝에 가까이 다가갔다. 끝내는 파도에 휩쓸려 저승에 왔다. 트로이 목마를 만들어 트로이아 사람들을 속이고 도시를 멸망시킨 죄로 오디세우스는 지옥에서 벌을 받는다. 하지만 누구보다도 멋있는 모습을 잃지 않았다. 적어도 단테의 《신곡》에는 그렇게 나온다.

이 시구와 관련한 절절한 이야기가 있다. 제2차 세계대전 막바지에 아우슈비츠에 갇혔던 이탈리아의 지식인 프리모 레비의 사연이다. 프리모 레비는 강제노동과 나치 간수들의 적의에 시달리며 하루하루 죽어가고 있었다. 이때 '피콜로'라 불리던 프랑스인 동료 죄수가 말한다. "이봐, 아무 시라도 좋으니 들려주지 않겠나?" 뜬금없는 부탁이었다.

레비는 기억을 버르집었다. 어찌 된 일인지 단테의 《신곡》에 나오는 '오디세우스의 노래'가 떠올랐다고 한다. 우리가 방금 살펴본 부분 말이다. 문명과 도덕이 사라진 죽음의 수용소에서 레비는 정성을 다해 단테의 시 구절을 이탈리아어에서 프랑스어로 번역해 한 구절씩 피콜로에게 들려준다. 다음은 서경식 선생의 번역이다.

그대들은 자신의 타고난 본성을 생각하라.

그대들은 짐승처럼 살기 위해서가 아니라,

덕과 지혜를 구하기 위하여 태어났도다.

먼 훗날 레비는 회고한다. "나 역시 이 시를 처음 들은 것처럼 느꼈다. 나팔 소리, 신의 음성과 같았다. 일순, 내가 누구인지 어디에 있는지 까맣게 잊어버렸다." 이때 레비는 하루하루 먹는 일조차도 필요 없다고 생각할 정도로 이 시를 곱새겼다고 한다.

레비는 시 덕분에 인간의 긍지를 잃지 않고 동료들과 함께 수용소에서 버텨낼 힘을 얻었다고 말했다. '고전이 왜 필요한가'에 대해 이야기할 때면 서경식 선생이 예로 드는 이야기다. 나 역시 좋아하는 일화다.

문제는 오디세우스가 타고난 거짓말쟁이라는 점이다. 이 사람의 말을 믿다가 트로이아 사람들이 도시를 빼앗기고 목숨을 잃거나 노예로 팔려갔다. 그의 주장을 얼마나 믿어야 할지는 모를 일이다.

한편 프리모 레비는 결국 이 지옥 같은 세상에서 스스로 목숨을 끊었다. 버티고 버텨, 살아서 수용소를 나온 지 40여 년이 지난 다음의 일이었다. 차마 희망을 품자고 말하지는 못하겠다.

56

오디세우스와 단테와 베르길리우스가 불지옥에서 마주치다.
폴 귀스타브 도레, 《신곡》 제26곡의 삽화, 1857.

가장 잔인한 형벌의 주인공,
시시포스

우리가 지옥에서 만날 두 번째 신화 속 인물은 시시포스다. 시시포스와 '희망고문'에 대해 이야기해보자.

시시포스가 벌 받은 언덕은 그리스신화 지옥 투어에서 가장 유명한 코스다. 지옥 여행자들이 다들 여기서 셀카를 찍는다고 한다(농담이다, 지옥은 카메라 반입 금지다). 시시포스는 시지프스라는 이름으로 친숙하다. 프랑스 소설가 알베르 카뮈는 《시지프의 신화》라는 책을 썼다. 시시포스라는 이름을 프랑스 식으로 읽어서 그렇다. 어쨌거나 이 사람의 이야기는 잘 알려졌다. 열심히 비탈길에서 바위를 굴려 올리지만, 바위는 번번이 굴러 내려온다고 한다. 무슨 죄를 지었기에 이런 벌을 받을까? 이유가 황당하다. 《아폴로도로스 신화집》에 따르면 이렇다. 시시포스는 코린토스 도시를 세운 훌륭한 사람이었다. 그런데 그때 강의 신 아소포스의 딸 아이기나가 실종된다. 딸을 찾아다니던 아소포스에게 시시포스는 하늘의 비밀을 누설한다. 제우스 신이 아이기나를 사모해 데려갔다는 것이다. 제우스는 엄청나게 화를 냈고, 자신을 거역한 시시포스에게 무시무시한 벌을 내린 것이다.

시시포스가 무척 잔인한 벌을 받는다고 생각하는 사

람이 많다. 그런데 지옥에는 이보다 더 못된 벌도 수두룩하다. 시시포스는 찔리지도 얻어맞지도 않는다. 그럼에도 어째서 우리는 시시포스가 딱하다고 생각하는가? 어쩌면 벌 때문이 아닐지도 모른다. 그가 품은 희망 때문일 수도 있다.

희망이야말로 잔인하다는 관점에서 보면, 판도라의 신화도 달리 보인다. 남자 사람들에게 화가 난 신들이 판도라에게 온갖 선물을 들려 인간 세상에 보냈다. 선물 가운데 "절대로 열지 말라"는 상자가 있었다. 아니, 그리스 원전을 보면 상자가 아니라 항아리였다. 르네상스 시대의 지식인 에라스무스가 실수로 항아리를 상자라고 썼는데, 그의 글이 너무 유명해져서 그렇게 굳어졌다는 이야기가 있다. 항아리든 상자든 열지 말라고 하면 어떻게 해서든 열고 싶은 법이다. 판도라는 뚜껑을 열었다. 그곳에서 인간 세상의 온갖 불행이 쏟아져 나왔다. 재앙과 노고와 병과 근심이 세상에 퍼져나갔다. 헤시오도스의 서사시 《일과 날》에 따르면 이렇다. "오직 희망만이 거기 남고 (…) 밖으로 날아가지 않았는데, 그러기 전에 판도라가 뚜껑을 도로 닫아버렸기 때문이다. 제우스 신의 뜻이 그러했다."

훈훈한 결말일까? 희망이 인간을 고문한다면 이야기의 의미는 뒤집힌다. 불행이 이제 끝난 줄 알았는데 세상에서 가장 잔인한 고통인 희망이 남아 있었다는 뜻이 된다. 역시나

✣
힘들여 바위를 굴리는 시시포스의 모습은 예술가들의 상상력을 사로잡았다.
프란츠 폰 슈투크, 〈시시포스〉, 1920.

사람 괴롭히는 법을 잘 아는, 그리스신화의 잔인한 신답다.

시시포스 이야기를 뒤집어 긍정적으로 해석할 여지도 있긴 하다. 이집트신화에 케프리라는 신이 있다. 얼굴이 쇠똥구리 모양인데 이집트신화에서 쇠똥구리는 신성한 존재였다고 한다. 둥근 똥 덩어리를 굴려 언덕을 오르는 모습이 태양을 굴려 새벽을 가져오는 모습과 닮아서란다. 우리가 보기엔 이렇다. 제 몸보다 큰 덩어리를 힘들게 굴려 올라가는 모습이 영락없이 시시포스다.

시시포스와 쇠똥구리, 어떻게 해석하면 좋을까. 밤이 길어도 해는 다시 떠오르며, 비탈을 미끄러졌다가도 다시 오르는 것이 우리의 삶이라는, 이런 훈훈한 글을 쓸 수도 있었다. 하지만 우울한 결론을 쓰는 편이 솔직할 것 같다.

한국 사회는 '지옥'이 많다. 입시도 지옥이고 취직도 지옥이고 내 집 마련도 지옥이다. 경쟁이 너무 치열하고, 이 경쟁에서 자기가 원하는 것을 얻는 사람이 너무 적기 때문이다. 어떤 사람은 출발선부터 다른 사람에 앞서 있기 때문이다.

어쩌면 꿈을 품었던 것이 문제일지도 모른다. 희망이 없으면 차라리 몸은 편할지 모른다. 시시포스가 힘든 이유는 언젠가 이 바위를 언덕 너머로 넘길 수 있으리라는 희망 때문이니 말이다. 물론 쇠똥구리가 똥을 굴리듯 신이 태양을 언덕 위로 밀어 올리지 않는다면 세상에는 아침이 오지 않을 것이다. 모두가 꿈을 포기한다면 세상은 더 팍팍한 곳이 될 것이다. 출발선에서 다른 사람을 앞선 사람들이, 집안 좋고 학벌 좋은 사람들끼리 사회의 좋은 자리를 모두 나누어 가질 것이다. 하지만 세상이 어찌 된들 무슨 상관이랴. 시시포스처럼 살다 쓰러져도 세상이 책임져줄 것도 아니지 않나. 요즘 자주 하는 우울한 생각이다.

세 번째 지옥의 인물, 탄탈로스

××××

자고 일어나면 비가 쏟아지던 날이었다. 비, 비, 비. 이럴 때는 다른 생각을 해야 한다고 생각했다. 현실과 동떨어진 생각 말이다. 그래서 나는 '물지옥'을 상상했다.

물로 인한 고통이란 어떤 고통일까. 비가 오면 아프다. 혹시 이런 형벌도 있을까. 비가 내리는 날의 아픔을 뜻하는 용어가 있었던 것 같아서 혹시나 싶어 찾았더니 정말 있었다. 어려운 말로 '메테오로퍼시(meteoropathy)'라고 한다. 그리스어 '메테오론(높은 곳의 일, 즉 날씨)'과 '파토스(고통)'를 이어붙인 말이다. 일본에서는 '기쇼뵤', 즉 기상병이라 부른다고 한다. 하지만 '병'이라고 할 것까지 있을까. 우리말로 옮긴다면 '기상통'이나 '날씨통' 정도가 적절하지 싶다.

과학으로 입증된 개념은 아니라고 한다. 비 내리면 아프다고 말할 때마다 나는 "기압이 낮아 몸이 아픈가 보다"라는 말을 듣곤 했다. 그런데 미국 과학자 데니스 드리스콜은 그렇지 않다고 말한다. "엘리베이터를 타고 고층 빌딩에 올라가도 기압이 떨어지지만 그 때문에 관절염이 악화된다는 사람은 없다"고 꼬집는다. 비 오는 날의 통증에 과학적 근거가 없지는 않다. 습도가 높으면 사람은 불쾌하고 볕을 못 쬐면 우울해진다. 이것은 사실이다. 그래도 영영 태양이 비치지 않는다는 지옥의 고통과 비할 바는 아니다.

물을 이용하는 지옥은 어떤 곳일까. 뜨거운 물을 쓰는 지옥은 있다. 불교의 확탕지옥은 팔팔 끓는 물에 죄인을 데쳐낸다. 《신곡》에는 얼음지옥이 나온다. 죄인은 물에 잠긴 채 얼어붙어 옴짝달싹을 못하게 된다. 그런데 끓는 물이건 얼음이건, 고통의 원인은 물이 아니라 온도다. 확탕지옥은 기름이나 쇳물을 쓰기도 하니, 물지옥이라 콕 집어 말하기도 그렇다.

물로 벌 받는 지옥은 없을까. 생각났다. 그리스신화에 나오는 탄탈로스가 떨어진 지옥 타르타로스. 그는 목까지 찰랑대는 물 가운데 서 있다. 그런데 목이 마르다. 물을 마시려고 고개를 숙이면 물이 사라지기 때문이다. 머리 옆에는 과일이 주렁주렁 달려 있지만 탄탈로스는 배가 고프다. 입을 대려고 하면 과일이 달아나기 때문이다. 이곳은 잔인한 지옥으로 유명하다. 탄탈로스는 물로 벌을 받는다. 물이 많은데도 물이 없어서 고통받는다. 그라면 장마철조차 그리울 것이다.

흥미로운 사실이 있다. 탄탈로스가 왜 벌을 받는지 전하는 사람마다 말이 다르다는 점이다. "죄 많은 아트레우스 가문 사람이라 그렇다"는 설명을 어느 책에서 봤는데 아닐 것 같다. 그리스신화에 나오는 이 가문은 워낙 엉망으로 유명하다. 가족끼리 죽고 죽이는 일이 흔하다. 조카를 죽여 그 아버지, 그러니까 자기 형제에게 먹이는 짓도 하는 집안이다. 탄탈로스만 심한 벌을 받는다면 이상하다.

아폴로도로스의 《신화집》을 찾아보니 두 가지 설명이 있다. "어떤 사람 말로는 신들의 비의를 인간에게 누설했기 때문이라 하고, 어떤 사람 말로는 암브로시아를 인간에게 나눠주려 했기 때문이라 한다." 어느 쪽이나 인간의 분수를 넘어선 일이다. 암브로시아는 신들이 먹고 마시는 음식인데, 이걸 먹으면 신처럼 영원한 생명을 누리게 된다. 탄탈로스는 신의 자리를 넘본 교만한 인간이었다.

그렇다면 왜 그토록 잔인한 벌을 받는지도 알 것 같다. 인간이 신과 맞먹으려고 하는 오만함을, 그리스어로는 '히브리스(hybris)'라고 불렀다. 그리스 사람들은 히브리스를 제일 큰 죄로 쳤다. 신화에만 나오는 이야기가 아니다. 역사에도 그런 일이 있다. 크세르크세스는 페르시아의 황제였다.

Le Supplice de Tantale

그는 남들이 해본 적 없는 무시무시한 사업을 일으켰다. 세계
정복에 나선 것이다. 백만 대군을 이끌고 그리스 원정을 떠났
는데 바다에 가로막혔다. 그가 바다를 건널 다리를 지으라고
명령하자 사람들이 열심히 다리를 지었다. 그런데 풍랑이 몰
아쳐 다리가 무너졌다. 바다가 감히 자신을 거역했다며 황제
는 골을 냈다. 그는 부하를 시켜 바다를 채찍으로 때리게 한

다음 그리스를 침공했다. 헤로도토스가 쓴 《역사》에서 전하는 이야기다.

페르시아 사람 크세르크세스를 보는 그리스 사람의 시선은 곱지 않다. 전쟁을 일으킨 적의 우두머리니 미울 만도 하다. 그런데 그것으로 끝이 아니다. 그리스 사람들은 크세르크세스가 히브리스를 저질렀다고 생각했다. 바다나 강 같은 자연도 신이기 때문이다. 옛날 사람들의 세계관으로는 그렇다.

위인들도
피할 수 없었던 지옥

소크라테스도 모른다

"먼저 가본 저세상은 어떤가요. 가보니까 천국은 있던가요?
아, 테스 형!"

나훈아가 물었다.

"테스 형도 모른다고 하네요."

나훈아가 대답했다.

'테스 형도 모른다' 이 말을 세 가지로 해석해보자.

첫째, 이 말은 인간 이성의 한계를 지적한다. 테스 형,
그러니까 소크라테스는 유명한 철학자다. 또 인간 가운데 가

장 똑똑한 사람이기도 했다. 내 말이 아니라 예언의 신 아폴론이 보증한 이야기다. 옛날 그리스 아테네에 카이레폰이라는 사람이 있었다. 이 사람은 소크라테스의 친구였다. 그가 자기 돈을 털어 신전에 찾아가 물었다. "소크라테스보다 현명한 사람이 있습니까?" 신탁은 답했다. "아니다."

요즘 사람이 보기에는 황당한 이야기다. 지능검사도 아니고 신전을 찾아가 신탁을 물었다니 말이다. 당시 사람들도 이 이야기를 들으며 당황했던 것 같다. 기묘한 대목은 또 있다. 플라톤이 쓴 《소크라테스의 변명》에 따르면 이 이야기가 세상에 알려진 것은 소크라테스 본인이 동네방네 떠들었기 때문이라고 한다.

둘째, '테스 형도 모른다'는 말은 소크라테스 철학의 고갱이를 짚었다. 카이레폰의 말을 전해 듣고 소크라테스는 반발한다. 자기는 똑똑하지 않다며, 자기보다 지혜로운 사람을 찾겠다고 했다. 그리고는 각 분야의 전문가를 찾아다녔다. "똑똑한 당신이 내 질문에 답해주세요"라고 해놓고, 대답을 들으면 고마워하기는커녕 "이런 부분이 앞뒤가 안 맞는다"며 면박을 줬다. 평생 들쑤시고 다니더니 기껏 한다는 말이 "사람들도, 나도 아는 게 없다"였다. 다만, "나는 모른다"라는 사실을 남들보다 더 안다는 점만큼은 자기가 똑똑하다는 것을 보여주는 것이라고 했다. 소크라테스가 적지 않은 사람의 미움을 받게 된 사연이다.

셋째, '저승의 사정을 테스 형도 모른다'는 말은 저승 여행의 어려움을 보여준다. 소크라테스가 죽어서 어디로 갔는지에 대해, 너덧 가지 서로 다른 설명이 있다.

① 우선 기원전 4세기 플라톤의 설명. 플라톤의《국가》는 소크라테스가 주인공이다.《국가》10권에 따르면 소크라테스는 저승의 구조에 대해 자세히 알았다고 한다. 플라톤이 나중에 지어낸 말인지, 정말인지는 모르지만 말이다.

《국가》10권에 나오는 소크라테스의 말에 따르면, 올바른 일을 한 사람의 혼은 오른쪽 위로 올라가고 악인의 혼은 왼쪽 아래로 내려간다. 1000년 동안 각각 상을 받고 벌을 받은 후 돌아와 이승에서 환생한다. 그리스 철학자 가운데 적지 않은 사람이 이 윤회설을 믿었다. 유명한 피타고라스가 그랬고 소크라테스와 플라톤이 그랬다.

소크라테스 본인은 어떻게 되었을까? 세상을 떠난 날이 기원전 499년. 일단 좋은 곳에 갔을 것이다. "당신은 아는 게 없다"는 말을 평생 떠들고 다닌 선행(!) 덕분에 말이다. 소크라테스는 세상 사람들의 무지를 '지적질'하고 다니는 일이 신이 시키신 의무라고 생각했다나. 아무튼 지금은 21세기. 1000년이 두 번 넘게 지났다. 이종환 선생이 쓴《플라톤 국가 강의》에 따르면, 소크라테스는 "윤회하여 다른 인생으로 두

‡
잘생기지는 않았다던 소크라테스를 몸짱 미남으로 바꾸어 그린 다비드의 유명한 작품.
자크 루이 다비드, 〈소크라테스의 죽음〉, 1787.

번 더 태어났을 것"이다.

② 다음은 2세기에 살던 로마제국의 작가 루키아노스의 설명이다. 루키아노스는 저승 이야기를 몇 편 썼다. 이야기마다 소크라테스가 어떻게 되었는지가 조금씩 다르다.《진실한 이야기》라는 작품에 나오는 저승은 이렇다. 나쁜 일을 한 사람은 벌 받는 곳에 가고 착한 일을 한 사람은 낙원에 모여 산다. 소크라테스는 엘리시온이라는 낙원에 있다고 했다.

《죽은 자들의 대화》에 나오는 저승의 모습은 약간 다르다. 착한 사람도 나쁜 사람도 같은 공간에 모여 있다. 대부분의 사람은 자기가 죽었다는 사실을 받아들이지 못한다. 언제나 신세 한탄을 하고 있으니 불행하다. 진정한 철학자들은 다르다. 인간은 누구나 죽는다는 사실을 받아들이기 때문에 그나마 행복하다는 것이다. 소크라테스는 저승의 철학자 중에서도 특별히 행복하다. 유명한 꽃미남들을 곁에 둔 채 달콤한 시간을 보낸다고 했다(소크라테스는 미남을 좋아했던 것으로 유명하다). 이야기마다 약간씩 다르지만 루키아노스가 보기에 소크라테스는 저승에서도 대체로 잘 지내는 것 같다.

③ 그런데 14세기의 이탈리아 시인 단테는 전혀 다른 이야기를 한다.《신곡》〈지옥 편〉의 제4곡에 따르면 소크라테스는 지옥에 있다고 한다. 이유는 간단하다. 그리스도교인이 아니라서다. 한때 그리스도교를 믿던 사람들은, 그리스도

교인만 천국에 갈 수 있다고 믿었다.

그렇다면 궁금하다. 의롭게 살았지만 그리스도교를 믿지 않은 사람은 어떻게 되나? 예수가 태어나기 전에 살았던 사람들은? 그리스도교가 존재하기 전에 살았는데 그리스도교를 믿지 않았다고 지옥에 가야 하다니 가혹하지 않나? 그럴싸한 질문이다. 소크라테스 역시 예수가 태어나기 몇백년 전에 살던 인물이다.

그리스도교를 믿던 옛날 사람들에 따르면, 이런 사람들을 위해 마련된 곳이 있다고 했다. '림보'라는 구역이다. 지옥은 지옥이지만 착하고 위대한 사람들이 따로 모인 장소다 (3장에서 자세히 다룬다). 소크라테스도 이곳에 있다고 했다. 《신곡》에 나오는 림보 장면은 근사하다. 소크라테스와 플라톤과 아리스토텔레스, 고대 그리스와 로마의 영웅들이 림보에 모여 산다. 이슬람의 영웅 살라딘도 이곳에 있다. 서양 고대와 중세의 '명예의 전당'이라 해도 빠지지 않는다. 그리스도교가 믿는 신만 이곳에 없을 뿐이다.

16세기 초에 화가 라파엘로는 〈아테네 학당〉을 그렸다. 그림 속 소크라테스와 고대 철학자들은 림보에 있다는 사람들 이름과 많이 겹친다. 이 벽화를 교황청 벽에 그렸다는 점이 아이러니다.

교황청은 1960년대에 회의를 열었다. 유명한 제2차

바티칸 공의회다. "그리스도교 신앙이 없더라도 꼭 지옥에 가는 것은 아니"라는 해석이 나왔다. 림보에 있던 그리스로마 시대의 사람들은 늦어도 1960년대 이후에는 풀려나 천국에 갔을 것이다. 가톨릭 쪽 해석은 그렇다. 개신교 쪽에서는 다르게 볼 사람도 있겠지만.

그래서 지금, 소크라테스는 저승 어디쯤 있을까? 설명이 서로 다르니 알다가도 모르겠다. 테스 형도 모를 일이다.

알렉산드로스 대왕은
지옥 어디에 있나?

✕✕✕✕

"펄펄 끓는 피의 강 (…) 폭력으로 남을 해친 자들을 삶고 있다."《신곡》〈지옥 편〉제12곡에 나오는 무시무시한 장면이다. 뜨거운 핏물이라니 너무 싫다. 만약 강둑으로 탈출한다면? 켄타우로스가 달려 내려와 활을 쏜다고 한다. 절반은 말, 절반은 사람, 그리스신화의 그 켄타우로스다.

처참한 장소다. 그런데 이 처참한 곳에 낯익은 이름이 보인다. "여기 알렉산드로스가 있다."

우리가 아는 알렉산드로스 대왕일까? 동명이인이라는 주장도 있지만, 유명한 알렉산드로스 대왕이 맞다고 볼 근

끓는 피의 강에 알렉산드로스 대왕이 있을까?
얀 반 데어 스트라트, 《신곡》의 삽화, 1587.

거가 많다. 피로스 왕이랄지 훈족의 아틸라랄지, 다른 유명한
정복자들도 여기서 벌을 받는다.

　우리는 권력을 잡기 전 멀쩡하던 사람이 권력을 잡은
다음 달라지는 모습을 자주 본다. 국회 의석 몇 자리 늘었다
고 단체로 뻔뻔해지는 것이 인간인데, 세계를 손에 넣으면 오
죽할까.

　플루타르코스가 쓴 《비교전기》를 보면 페르시아를

정복하기 전과 후의 알렉산드로스는 다른 사람 같다. 옛날에 알렉산드로스는 그리스 사람들의 마음을 사기 위해 애썼다. 알렉산드로스는 마케도니아 사람이었는데, 그곳은 그리스의 변방이라 그리스 사람들이 그를 마음으로 따르지 않았기 때문이다. 알렉산드로스는 그리스에서 존경받던 철학자 아리스토텔레스를 스승으로 모셨고, 그리스 사람들이 좋아하던 호메로스의 서사시《일리아스》를 암송했으며, 거지꼴을 한 철학자 디오게네스가 무례하게 굴어도 유쾌하게 받아넘겼다. 디오게네스는 위대한 철학자였지만 노숙을 했다. 큰 나무통에 들어가 살았다. 알렉산드로스는 디오게네스를 찾아가 물었다. "내가 임금인데 필요한 것이 뭐 없습니까?" 그러자 디오게네스는 '쿨하게' 대답했다. "댁이 햇볕을 가리고 있으니 옆으로 비켜주시오."

그러나 우두머리가 되고 나서는 다르다. 초심이 보이지 않는다. 자기를 신의 아들이라 불러주는 아첨꾼들에 둘러싸인 채 옛 친구를 숙청한다. 전쟁터에서 자기 목숨을 구해준 장군 클레이토스를 술김에 쳐 죽였고, 입바른 소리를 하던 역사가 칼리스테네스는 죄를 만들어 얽어 넣었다. 구실을 댈 수는 있다. 전제군주의 어쩔 수 없는 선택이라고 해도 맞는 말이고, 정복당한 페르시아 사람을 달래기 위해 그리스 세력의 강경파를 숙청했다고 봐도 틀리지는 않을 것이다. 그러나 아무려나 슬픈 변명이다.

우리는 루키아노스의 《죽은 자들의 대화》라는 작품을 앞서 살펴봤다. 그가 묘사한 저승은 지옥과 천국이 따로 구별되지 않지만, 그곳에서 어떤 이는 크게 불행하고 어떤 이는 별로 불행하지 않다. 이승에서 누리던 부귀영화를 잊지 못하는 사람은 저승에서 불행하다. 이승에서 남들을 해친 사람도 불행하다. 자기가 해친 사람에게 보복을 당하기 때문이다. 인간은 저승에서 자기가 받을 벌을 이승에서 스스로 만든다는 교훈이, 루키아노스가 하고 싶은 이야기였던 것 같다.

루키아노스에 따르면 알렉산드로스는 저승에서 불행하다. 아버지 필리포스는 그를 만나 '왜 멀쩡한 인간 아버지인 나를 놔두고 신의 아들이라고 떠들고 다녔냐'며 핀잔을 준다. 디오게네스는 그를 만나 '저승에 와서도 이승의 명예에 대한 집착을 버리지 못했다'고 비웃는다. 자기가 죽인 클레이토스와 칼리스테네스의 원혼이 그를 '갈기갈기 찢어버리겠다'고 달려오는 것을 보고 부랴부랴 달아난다.

르네상스 시대의 작가 프랑수아 라블레는 익살로 가득한 책 《팡타그뤼엘》을 썼다. 이 책 제30장에도 저승 이야기가 나온다. 라블레의 저승에는 규칙이 있다. 이승에서 잘나가던 사람은 저승에서 초라하게 지낸다는 것이다. 이승에서 영광을 누리던 알렉산드로스는 저승에서 "낡은 신발을 수선

하며 어렵게 살아가고", 임금님이 된 디오게네스에게 호되게 매질을 당한다. 결국 동료 거지의 금화를 훔쳐 하루하루 연명하는 처지가 된다. 동료의 정체는 페르시아 제국을 세운 퀴로스 대제다.

조너선 스위프트는 《걸리버 여행기》를 썼다. 1부의 거인국과 2부의 소인국이 유명하다. 3부에는 하늘에 떠 있는 섬 라퓨타가 나오고, 그럽덥드립이라는 작은 섬나라도 나온다. 그럽덥드립에 가면 저승 사람을 만날 수 있다. 오디세우스나 단테처럼 저승 여행을 하는 것이 아니라, 저승 사람을 이승의 그럽덥드립으로 불러내 대화를 나눈다. '거꾸로 저승 여행'이랄까. 걸리버는 고대의 유명한 인물들 몇을 불러낸다. 이들 가운데 알렉산드로스 대왕은 걸리버를 만나 "자신이 독살당한 것이 아니라 술을 많이 마셔 죽었다"라고 털어놓는다. 스위프트는 원래 풍자 작가로 유명했다. 신랄한 솜씨로 알렉산드로스를 비꼰 것이다.

알렉산드로스 대왕이 나쁜 사람이었다고 말하려는 것이 아니다. 알렉산드로스는 야심으로나 미덕으로나 나중에 미친 영향으로나, 보통 사람이 넘보지 못할 위대한 인물이다. 다만 나는 전쟁을 싫어하는 현대인이라서 야심 많은 정복자를 좋아하기는 어렵다. 알렉산드로스가 명예욕을 불태우지 않았다면 수많은 사람이 때 이른 죽음을 맞지 않았을 것이다.

그런데 눈길을 끄는 우연이 있다. 《신곡》〈지옥 편〉 제32곡에는 한 얼음 구덩이에 갇혀 치고받는 형제가 나온다. 형제의 이름은 이탈리아식으로 '알레산드로와 나폴레오네'다. 그리스식으로 알렉산드로스이고 프랑스식으로 나폴레옹이다. 둘 다 야심이 크고 밥 먹듯 전쟁을 일으키던 정복자였다. 물론 《신곡》에 나오는 알레산드로와 나폴레오네는 두 정복자와는 다른 사람이다. 단테가 프랑스의 장군 나폴레옹을 알 리는 없다. 나폴레옹이 프랑스 황제가 된 것은 단테가 《신곡》을 쓰고 500년이나 지나서다. 주석을 보면 알레산드로와 나폴레오네는 형제였다. 아버지의 유산을 놓고 정치적 파벌을 갈라 다투었고, 서로 죽게 했다. 단테는 이 두 사람을 형제를 죽인 죄로 얼음지옥에 가두었다. 동명이인이라고는 해도 어쩐지 신기한 우연이다.

악마는 왜 브루투스를 물어뜯었나?

정치 이야기가 싫어질 때가 있다. 사람들이 정치인의 '팬질'을 할 때 그렇다. 이 사람하고 저 사람하고 정쟁을 할 때 "너는 이 사람 편이냐, 저 사람 편이냐" 따위의 질문에 시달리면 기분이 좋지 않다. 그래도 투덜대지 않기로 한다. 사람들은 정치인 팬질로 오래오래 다투기도 한다고 생각하자.

대표적인 싸움 주제로 '카이사르 대 브루투스'가 있다. 사람들은 2000년 동안 이 주제로 다투었다. 브루투스는 독재를 막겠다는 명분으로, 아버지처럼 친하던 카이사르를 암살했다. 카이사르가 독재자가 될 야심을 품었다는 것이, 많은 이들이 동의하는 이유다. 브루투스가 정말 바란 바가 무엇이었는지, 자기가 권력을 잡겠다는 것인지, 집안 좋은 원로원 의원끼리 권력을 나눠 가지겠다는 것인지, 아니면 정말 민주주의를 원했는지는 확실하지 않다.

소위 '카이사르빠'들은 브루투스를 용서할 수 없었다. 단테가 대표적이다. 《신곡》〈지옥 편〉 제4곡을 보자. "독수리 눈매의 카이사르"는 림보에 있다. 그리스도교를 믿지 않은 카이사르로서는 갈 수 있는 제일 좋은 구역에 가 있다. 반면 제34곡에는 지옥의 밑바닥이 나온다. 머리가 셋 달린 악마 루치페르가 "각각의 입으로 죄인을 하나씩 짓씹어 세 놈에게 엄청난 고통을 주고 있다"고 했다. 단테가 보기에 사상 최악의 죄인 셋은 누구인가. 하나는 유다, 다른 둘은 브루투스와 그 동료 카시우스다. 생각해보자. 이 세상 저 세상 통틀어 제일 고약한 장소가 지옥이다. 지옥에서 제일 나쁜 장소가 지옥 밑바닥이다. 지옥 밑바닥에서 제일 나쁜 자리가 악마 루치페르의 입이다. "머리가 셋"이라고 했으니 입도 셋이다. 전

우주에서 가장 끔찍한 자리가 딱 세 곳인데, 한 곳이 예수를 배신한 유다의 자리고, 두 곳이 카이사르를 배신한 카시우스와 브루투스의 자리다. 점수로 따지면 예수 배신 죄는 1점이고 카이사르 배신 죄는 2점이다. 단테 딴에는 예수보다 카이사르를 배신한 일이 두 배나 나빴던 걸까.

　이것으로 끝이 아니다. 악마는 유다를 "물어뜯기만" 하지만, 브루투스는 물어뜯고 또 마구 할퀴어 "등 피부가 온

통 벗겨지기도 한다"는 것이다.

'브루투스빠'도 뒤끝으로는 도긴개긴이다. 조너선 스위프트의 《걸리버 여행기》 3부 7장에서 걸리버는 그럽덥드립이라는 섬나라에 간다. 앞서 소개했듯이, 그럽덥드립에 가면 저승에 있는 사람을 불러낼 수 있다. 걸리버는 여기서 카이사르와 브루투스를 만난다. 스위프트가 쓴 말을 보자. "카이사르는 살아생전 자신의 모든 위대한 행동들이, 제 생명을 앗아간 브루투스의 행동에 비교하면 한참 모자란다고 솔직히 고백했다." 와, 이건 이것대로 이상하다.

어느 한쪽을 편들지 않는 견해도 있다. 플루타르코스의 《비교전기》를 보면, 카이사르는 카이사르대로 위대하고 브루투스는 브루투스대로 고결하다고 했다. 《브루투스전》을 지극히 감동적으로 쓴 점을 보면, 플루타르코스가 카이사르 반대파에 가깝지 않나 하는 생각도 든다. 그런데 카이사르 반대파였던 키케로를 그다지 호감 가지 않는 인물로 그려낸 점을 보면 꼭 어느 한쪽을 편들려는 의도는 없는 것 같다.

한편 프랑스 작가 라블레는 《팡타그뤼엘》 제30장에서 기괴한 저승의 풍경을 그린다. 카이사르와 그 맞수 폼페이우스는 배 밑바닥에 역청을 칠하는 힘겨운 노동에 시달린다. 카이사르파건 반대파건, 이승에서 잘나가던 사람은 이편저편 가릴 것 없이 모조리 저승에서 고생해도 싸다는 풍자다.

그래도 역시 대부분의 사람은 이편저편을 굳이 나누고 싶어한다. 미국의 진보적 역사학자 마이클 파렌티는 카이사르 편이다. 그는 21세기 초에 《카이사르의 죽음》이라는 책에서, 카이사르는 민중을 위한 개혁가였는데 보수 기득권층에게 살해당했다고 주장했다. 카이사르 지지자는 보수적인 사람 사이에도 많다. 여러 해 전 나는 '카이사르는 포풀라레스(민중파, populares)라는 당파에 속했는데 이 명칭은 포퓰리스트(populist)라는 말과 어원이 같다'는 사실을 지적했다가 한동안 항의 댓글에 시달렸다. 만화책에 카이사르를 못생기게 그린 일로도 욕을 먹은 적이 있다. 카이사르와 브루투스가 편을 갈라 싸운 지 2000년이 지났는데 말이다.

　　편 갈라 싸우는 것이 인간의 본성일까. 이 생각 때문에 내 마음이 풀리는지 아니면 더 무거워지는지는 모르겠다. 정치인 이야기 따위 하지 말아야지 다짐하고도 왜 번번이 대화가 그리로 흐르는지도 불가사의다. 아무려나 말로 싸우는 쪽이 낫다고 생각하며 마음을 다스리자. 카이사르 때의 로마나 단테 때의 피렌체처럼(또 파렌티가 살고 있는 요즘 미국처럼) 이쪽저쪽 피를 보고 싸우는 것보다야 나을 것이다.

서양 중세 인물들이 상상한
지옥과 천국

천국에서도 과로 중인 중세의 성인들

죽임당하던 당시의 모습을 한 피투성이 망자의 행렬이 지나
간다. 머리에, 가슴에 칼을 꽂고 걸어 다닌다. 삐쭉삐쭉 촘촘
하게 가시가 돋은 바퀴를 든 이도 있다. 날이 잘 드는 무두질
칼에 가죽이 벗겨져 죽은 사내는 자기 살가죽을 팔에 둘렀다.
목이 잘린 남자는 제 목을 들고, 눈알이 뽑힌 여성은 눈알을
쟁반에 받쳐 들었다. 신기한 것은 이들의 표정이다. 고통을
느끼지 못하는 걸까. 소리를 지르거나 찌푸리기는커녕 즐겁
다는 듯이 웃고 있다.

핼러윈의 날, 이 사람들은 거리로 나선다. 세계 어디서든 이들을 볼 수 있다. 이들도 핼러윈 축제를 즐기기 위해 집을 나선 존재인가? 굳이 따지면 그렇다고 할 수 있다. 그런데 자세히 보니 이들의 모습이 예사롭지 않다. 손에 든 고문 기구나 처형 도구가 정말로 뾰족하고 날카롭다. 남을 놀래주려고 이렇게까지 공들여 분장할 필요가 있었을까? 아니다, 이 상처는 B급 공포 영화를 흉내 낸 핼러윈 분장이 아니다. 진짜로 베고 잘린 상처다. 그렇다고 병원에 연락하지는 말자. 정말 죽은 사람들이니까.

이들은 그리스도교의 순교 성인이다. 평소 천국에 살다가 한 해에 한 번, 10월 31일 핼러윈 밤에 이승에 내려온다고 한다. 장난을 치거나 사탕을 받기 위해 찾아오는 것이 아니다. 핼러윈 이튿날인 11월 1일이 만성절, 즉 '모든 성인의 날'이기 때문이다. 핼러윈이라는 이름부터가 '성인(hallow)'의 날 '이브(eve 또는 even)'에서 왔다. 18세기 무렵 '핼러-인(Hallow-E'en)'이라고 쓰다가 지금은 '핼러윈(Halloween)'이 됐다. 다음 다음 날인 11월 2일은 만령절 또는 위령의 날. 성인 아닌 모든 죽은 사람을 기리는 날이다.

이렇게 볼 때 핼러윈을 쇠는 원래 취지는 경건한 것이었다. 가을걷이를 마치고 조상님 유령을 만나는 날이니 우리가 추석에 차례 지내는 마음과 다르지 않았으리라. 그런데 서양 사람들은 죽은 이가 돌아온다는 점이 퍽 두려웠나 보다. 전을 부치고 제사상을 차린다는 극한의 추석 공포(?)가 없어서 그랬을까. 잠이 안 오는 늦가을, 밤늦도록 으스스한 이야기를 나누던 전통이 공포 영화를 보는 것으로 바뀌었고 지금은 '코스프레' 잔칫날이 되었다.

오해는 마시길, 핼러윈의 본래 뜻을 되살려 거룩하게 보내자는 고리타분한 말을 할 생각은 없으니까. 오히려 반대다. 그리스도교 성인들 이야기가 눈길을 못 끌면 어쩌나 싶어 핼러윈이라는 나름 인기 있는 주제에 묻어가려는 것이 나의 속셈이다.

성인은 천국에 산다던데 어째 이런 딱한 모습일까. 신의 곁에서 온갖 영광을 누린다고 하던데 말이다. 어쩌면 종교미술 때문일지도 모른다. 종교미술 작품에는 성인 한 명, 한 명 이름을 적고 설명을 쓰기가 어려우니 어떤 방법으로 처형되었는지 보여주는 도구를 직접 손에 든 모습으로 그려놓았다. 칼에 베인 사람은 칼을 들고, 톱에 썰린 사람은 톱을 들고, 화살 맞은 사람은 화살을 들고, 껍질 벗겨 죽임당한 사람은 제 껍질을 들었다. 고문 도구를 보고 성인의 이름을 맞히는 일은 가톨릭 미술을 감상하는 중요한 기술이다. 불교미술의 '지물'과 비슷하다. 어떤 물건을 들고 있으면 어떤 보살인지 맞히는 것과 같다. 어쩌다 보니 화가의 편의를 위해 성인

베로나의 피에트로 성인은 칼을 꽂고 다니는 기괴한 모습으로 그려지곤 한다.
로렌초 로토, 〈성모자와 피에트로 순교 성인〉, 1503.

이 영원히 고통을 겪게 되었다.

성인의 고통은 이뿐만이 아니다. 가톨릭에는 모든 성인을 부르는 기도가 있다. 유명한 성인의 이름을 하나하나 부르고 혹시 빠진 성인이 있을까 봐 "모든 순교 성인이여, 우리의 기도를 들으소서"라고 기도한다. 전 세계에서 24시간 내내 각자 자기네 언어로 민원을 넣는 셈이다. 기도를 드리는 쪽이야 성인이 들어주니 든든하겠지만, 성인 쪽은 감정노동의 스트레스가 이만저만이 아닐 터이다. 성인은 천국에 살면서도 이렇게 아프고 이렇게 바쁘다.

그렇다면 지옥 생활은 어떨까? 지옥에 살아도 많이 바쁘려나? 생전에 과로에 시달리던 '헬조선' 사람은 천국도 지옥도 적응하기 쉬울지 모른다.

파올로와 프란체스카

어린 시절에 나는 지옥 이야기가 궁금했다. 《성서》에는 지옥에 대한 자세한 묘사는 나오지 않고, 《불경》은 너무 방대해 어느 책을 읽어야 할지 잘 몰랐다. 《신곡》〈지옥 편〉에 지옥 이야기가 많다길래 겁도 없이 펴보았다. 그랬다가 이게 다 무슨 내용인가 싶어 혼비백산했다.

지금도 《신곡》은 어렵다. 본문만 읽으면 무슨 내용인지 잘 모르겠는 부분이 많다. 주석을 함께 봐야 한다. 지옥에 입주한 사람이 워낙 다양해서 그렇다. 역사에 남은 악인은 당연히 지옥에 있고, 단테가 안 좋아하던 동시대인들도 지옥에 있다. 지금 우리에게는 낯선 이름이 대부분이다. 게다가 단테는 가끔 자기가 좋아하는 사람도 지옥에 보냈다. 읽는 사람

헷갈리게 말이다. 평생 따르고 존경하던 스승 브루네토 라티니도 지옥에 있다고 단테는 썼다. '사랑' 때문이라는 것이다.

"사랑이 죄라면 나는 유죄." 이 말이 농담처럼 들리는 까닭은 쓸데없이 비장해서 그렇다. 그런데 사랑 때문에 지옥에 떨어진다면 어떨까. 제일 유명한 커플은 파올로와 프란체스카일 것이다. 파올로는 시동생, 프란체스카는 형수다. 남편과 아내 사이에는 사랑이 없었지만, 시동생과 형수는 서로가 좋았다. 하루는 사랑 이야기가 담긴 책을 둘이 함께 읽다가 파르르 떨며 입을 맞추었는데, 형이자 남편이던 잔초토가 그 장면을 보고 두 사람을 죽였다고 한다. 《신곡》 덕분에 널리 알려진 커플이기도 하다. 둘의 사랑 이야기를 앵그르며 코코슈카며 차이콥스키며, 많은 예술가가 작품으로 만들었다.

두 사람은 어떤 벌을 받는가? 영원한 바람에 휩쓸려 다닌다. 단테에 따르면 "모든 빛이 침묵"하는 어두운 곳에서 "잠시도 쉬지 않는 지옥의 태풍"이 사랑에 빠진 사람들을 "이리저리 위로 아래로 휘몰아"댄다는 것이다. 바람도 많이 맞으면 아프다. 나는 태풍이 온다던 날 미친 척하고 제주도의 바람 센 오름에 올라본 적이 있는데, 온종일 뼈마디가 달각대는 기분이었다. 바람을 맞은 시간이 수십 분밖에 되지 않았는데도 그랬다.

그런데 사랑에는 남녀의 사랑만 있는 것이 아니다. 남

잔초토는 질투심 때문에 동생 파올로와 아내 프란체스카를 살해했다.
장 오귀스트 도미니크 앵그르, 〈파올로와 프란체스카〉, 1814.

자와 남자, 여자와 여자, 동성의 사랑도 있다. 단테가 살던 서양 중세는 동성끼리의 사랑을 '죄'라고 몰아세우던 편협한 시대였다. 그래서 《신곡》에는 같은 성별의 사람을 사랑했다는 이유로 지옥에 간 사람도 있다(제15, 16곡). 불꽃이 빗방울처럼 떨어지는 장소라고 한다.

　　단테에 따르면 "사랑하는 브루네토 선생님"과 자기 시대의 존경받던 사람들이 모여 있다는 지옥이 여기다. 스승까지 지옥에 모셔두다니 단테는 무슨 꿍꿍이였을까. 이 사람들을 '죄인'이라고 고발하려던 의도는 아닌 것 같다. 이들이 지옥에 있는 상황이 "내 가슴에 경멸감이 아니라 고통을 심어주었다"고 썼으니 말이다(제16곡). 어쩌면 단테가 고발하고 싶어한 대상은 사랑을 '죄'라고 몰아세우던 당대의 편협한 의견들일지도 모른다.

　　동성끼리건 이성끼리건 사람을 사랑한 '죄'는 비교적 약한 벌을 받는다. 심지어 커플끼리 영원히 붙어 다닐 수도 있다. 목숨을 잃을 정도로 서로 사랑한 사람들에게 이것이 과연 벌이라고만 할 수 있을까? 나는 잘 모르겠다.

　　《신곡》을 보면 지옥의 깊숙한 장소에 처박혀 진짜로 무섭고 잔인한 벌을 받는 죄인은 따로 있다. 사람의 마음을 배신하는 것이야말로 큰 죄다. 제 이익을 챙기느라 연인을 버린 사람은 지옥의 황무지에서 온몸이 너덜너덜 찢긴 채 도망

※
파올로와 프란체스카는 서양 문화에서 '로미오와 줄리엣' 다음으로 유명한 연인이다.
귀스타브 도레, 《신곡》의 삽화, 1857.

다닌다. 악마가 쫓아다니며 채찍으로 때리기 때문이다(제18곡). 한편 프란체스카와 파올로를 죽인 잔초토는 사랑하는 형제를 살해한 죄로 꽁꽁 얼어붙은 지옥의 밑바닥에 떨어졌다(제32곡). 단테는 인간의 따뜻한 마음을 저버린 자는 영원한 추위로 고통받는다고 상상했으니까.

오페라로 유명한 잔니 스키키

'도도도 미-시 라-솔-, 도레미 도- (높은)도 솔-' 귀에 익은 가락이다. 푸치니의 오페라 〈잔니 스키키〉에 나오는 노래 〈아 사랑하는 나의 아버지〉다. 메조소프라노 백재은은 이 곡을 "푸치니의 쟁쟁한 오페라 아리아들 중 독보적인 지명도를 가지고 영화음악, 광고음악, 국악과 팝 등 크로스오버(심지어 남자 성악가들도 부름)로 자주 등장하는 아름다운 아리아"라고 소개했다.

제목과 선율만 듣고 '아버지에 대한 딸의 애틋한 효심을 담은 노래인가' 짐작하기도 하지만, 알고 보면 노랫말이 '막장'이다. 우리말로 옮기면 "아빠, 난 그이가 좋아요. 잘생겼잖아요. 그이와 결혼 못 하면 나는 아르노강에 빠져 죽겠다! 으어어!" 정도의 협박이다.

줄거리는 한술 더 뜬다. 주인공 이름은 잔니 스키키. 배경은 중세 피렌체. 부잣집 도나티 집안에서 잔니 스키키에게 껄끄러운 일을 부탁한다. 돈 많은 친척 영감이 죽으며 전 재산을 수도원에 기증하려고 하니, 유언을 위조해달라는 것이다. 잔니 스키키는 내키지 않지만 일을 맡는다. 딸 라우레타가 도나티 가문의 리누초라는 남자와 결혼하고 싶어하기 때문이다.

이렇게 요약하니 어두운 범죄물 같지만 "푸치니의 12작품 중 유일한 희극"(백재은)이자 유쾌한 단막극이다. 잔니 스키키는 죽은 사람으로 변장한 채 공증인 앞에서 유언을 한다. 여기서 반전은 약속과 달리 도나티 집안사람들에게는 시시한 물품을 넘기고 '친구 잔니 스키키에게' 큰 재산과 값나가는 노새를 남긴다고 했다는 것이다.

이제 오페라의 마지막 장면이다. 결혼도 하게 되고 (재산도 한몫 챙긴) 라우레타와 리누초 커플을 바라보며 잔니 스키키는 관객에게 노래도 없이 말을 건다. "관객 여러분, 도나티 집안의 돈이 이보다 잘 쓰일 수 있을까요? 이 일 때문에 나는 지옥에 가게 됩니다. 그러라죠. 하지만 여러분도 이 공연이 즐거우셨다면, 거룩한 단테 선생도 허락할 테지만, 정상 참작 좀 해주세요." 우리가 지겹게 보던 단테의 이름이 이 오페라에도 등장한다.

사연은 이렇다. 《신곡》의 옛날 주석가들에 따르면 잔니 스키키 데 카발칸티는 13세기 피렌체에 살았던 역사 인물이다. 먹고 살 만한 기사 신분의 사람이었지만, 도나티 가문의 유언 위조 사건에 끼어들었다. 죽은 사람으로 변장한 채 공증인 앞에서 거짓 유언을 남기고 자기 몫으로 (노새가 아니라) 값나가는 명마를 챙겼다고 한다.

잊힐 뻔한 엽기 사건인데, 도나티 집안이 단테의 처가였다는 사실이 문제다. 단테는 관대한 편도 아니었고, 처가에 신세 진 것도 있던 사람이다. 시를 쓸 때면 첫사랑 베아트리체 타령을 했지만 말이다.

사건에 연루된 도나티 집안사람들은 내버려 둔 채, 단테는 하수인뻘인 잔니 스키키를 지옥 제8원의 제10구덩이에 집어넣었다. 가벼운 죄인은 제1원에, 나라 팔아먹고 가족을 죽인 흉악범은 제9원에 있으니, 제8원이면 중죄인이다. 그곳 구덩이 열 개 중 열 번째에 넣은 것이다. 그것으로 끝이 아니다. 잔니 스키키는 지독한 고통을 이기지 못해 발광했고, 거기서 영원히 미쳐 날뛰는 중이라고 한다. 미치광이가 되어 다른 죄인을 물어뜯고 다닌다는 것이다.

이 오싹한 이야기를 비틀어 푸치니가 아름다운 음악을 지었다. 알고 들으니 기분이 이상하다. "콩가루 부잣집 남자와 결혼할 나를 위해 아빠가 지옥에 가주세요"라는 아리아

잔니 스키키가 비참한 고통을 받고 있다는 단테의 글에는 사적인 감정이 섞인 건 아닐까.
윌리엄 부그로, 〈지옥의 단테와 베르길리우스〉, 1850.

를 딸이 부른 셈이니 말이다. 그래도 자기는 지옥에 가지만 딸이 사랑(과 돈)을 얻었으니 잔니 스키키는 행복하지 않았을까. 아, 지옥은 얼마나 '인간적'인가!

우골리노 백작과
루제리 주교 이야기

×××

《신곡》〈지옥 편〉 말미에는 배신자들이 갇힌 지옥이 소개된다. 시인 단테는 지옥에서 자기 백성을 배신한 우골리노 백작과 그 우골리노의 가족을 배신한 루제리 주교가 엉킨 모습을 본다. 우골리노는 루제리한테 올라타 "머리와 목덜미가 맞붙은 곳을 이빨로 물어뜯고 있었다."(제32곡) 대체 무슨 사연일까?

우골리노는 이탈리아 도시 피사에서 13세기에 활동한 백작이었다. 그때 이탈리아의 여러 도시 국가마다 사람들은 기벨리니당이니 구엘피당이니 파당을 나누어 싸웠다. 우골리노는 원래 기벨리니당 사람이었는데, 옛 동지를 배신하고 구엘피당과 손을 잡고는 피사의 정권을 차지했다. 루제리는 피사의 대주교였는데 우골리노를 배신하고 기벨리니당 사람들의 봉기를 이끌었다. 몰라도 상관없다. 우골리노는 어차피 단테의 《신곡》 때문에 유명해진 사람이니까.

제33곡에서 우골리노는 단테에게 끔찍한 사연을 들려준다. 배신자 루제리는 우골리노와 아들들, 그리고 손자를 탑 안에 가두어놓고 문을 막아버렸다. 굶겨 죽인 것이다. 저승에 와서도 우골리노는 탑에서 일어난 일을 차마 명백하게 입에 담지 못한다. 그러나 문맥을 살펴보면 무슨 일이 있었는지 명백하다.

꼭 살코기를 뜯어 먹지는 않더라도, 신화와 문학 속에 아버지와 자식이 죽고 죽이는 내용은 수두룩하다. 영웅 오이디푸스는 자기 아버지를 살해했다. 자식을 죽이는 일은 어쩌면 잔혹한 신이 즐기는 것일지도 모르겠다. 사투르누스 신은 제우스와 그 형제자매들을 잡아먹다가 거꾸로 자기가 당했

우골리노의 끔찍한 사연을 많은 예술가들이 작품으로 형상화했다.
얀 반 데어 스트라트, 《신곡》의 삽화, 1587.

다. 훗날 신이 되는 헤라클레스도 광기에 빠져 자기 자식들을
때려죽인 일이 있다. 고대 종교에서 자식을 제물로 바치는 이
야기는 흔하다. 문학작품 속에는 이루 말할 수도 없이 많다.

그나마 마음을 놓을 소식이 있다. 단테는 우골리노가
마지막 순간에 굶주림을 이기지 못하고 먼저 굶어 죽은 아들
들의 살을 뜯어먹다 생을 마감했다고 생각했다. 그때 이탈리
아 사람들 대부분 그렇게 생각했을 것이다. 《신곡》에 암시된

내용은 그렇다. 그런데 2002년에 이탈리아 법의학자들이 우골리노와 아이들의 유골을 조사했더니 아이들의 뼈는 상처 없이 깨끗했다고 한다. 실제 역사 속의 우골리노는 탑에 갇혀 죽기는 했지만, 제 자식들의 살을 먹지는 않았다는 이야기다. 다행이라면 다행인가.

2장

지옥은 가까운 곳에 있다

이야기의
단골 소재, 지옥

스크루지는 착한데 런던은 지옥

스크루지는 영국 소설가 찰스 디킨스의 소설 《크리스마스 캐럴》의 주인공이다. 나는 지난 크리스마스에 스크루지를 다시 만났다.

코로나19 때문에 크리스마스 분위기가 통 나지 않았다. 우울한 현실을 잠시 잊으려고 찰스 디킨스의 《크리스마스 캐럴》을 읽었다. 오랜만에 읽으니 기억과 다른 점이 많았다. 이런 맛에 옛날 책을 다시 읽나 보다. 내 기억보다 스크루지는 착했고 유령도 '순한 맛'이었다. 나는 지옥 장면이 나온다고 기억했는데 다시 읽어보니 그렇지도 않았다.

스크루지에게 세 유령이 찾아온다. 첫 번째는 과거의 유령. 유령은 그의 어린 시절 쓸쓸한 기억을 되살린다. "잊어버리고 있던 자신의 불쌍한 과거 모습에 그는 흐느껴 울었다." 그러다가 스크루지는 "어제저녁 한 꼬마가 사무실 문 앞에서 크리스마스 캐럴을 부른" 일을 떠올리고는 "그 애한테 뭐라도 주어서 보낼걸 그랬다"며 뉘우친다. 자기 연민이 곧바로 타인에 대한 연민으로 발전한 것이다. 스크루지는 의외로 착했다. 나는 채만식의 《태평천하》에 나오는 윤직원 영감 정도라고 막연히 기억하고 있었다. 인력거꾼에게 줄 품삯도 떼어먹는 악독한 구두쇠 말이다. 그런데 그런 사람은 아니었다. 스크루지는 그저 표현이 서투를 뿐 여리고 착한 사람이었다.

두 번째로 현재의 유령이 찾아온다. 스크루지는 유령과 함께 자신의 피고용인과 조카 집을 몰래 방문한다. 스크루지는 이 사람들한테 "돈도 없으면서 웬 크리스마스 타령"이냐며 면박을 주었지만, 가족과 함께 행복한 크리스마스를 보내는 건 자기가 아니라 이들이었다. 스크루지가 지켜본다는 사실도 모른 채, 조카는 가족들에게 말한다.

"삼촌은 스스로 벌을 받고 있지. 안타까워. 결국 고생하는 사람은 누구겠어? 늘 그분 스스로 고통을 받지."

세 번째로 말 없고 음침한 미래의 유령이 온다. 스크

루지가 지금처럼 살다 죽으면 어떻게 될지, 유령은 예상되는 미래를 보여준다.

미래의 어느 날 한 남자가 죽음을 맞는다.

"살았을 때 인정머리 있게 굴었다면 외톨이로 죽지는 않았겠지."

"그 영감탱이한테 내려진 벌이지요."

사람들은 슬퍼하기는커녕 비웃는다. "남자의 죽음이 불러일으킨 유일한 감정은 기쁨뿐이었다." 그 남자가 자기라는 사실을 깨닫고 스크루지는 충격을 받는다. 아니, 그 정도도 예상 못 했단 말인가 싶어 나도 충격을 받았다.

스크루지가 받은 충격이 어찌나 컸는지, 유령은 그에게 지옥을 보여줄 필요가 없었다. 스크루지는 지옥이 아니라 현세만 보고도 개과천선해버렸다. 그 덕분(?)에 '찰스 디킨스의 필력으로 생생하게 묘사된 지옥 장면을 찾아 독자님께 소개하겠다'는 속셈으로 책을 뒤지던 나도 닭 쫓던 개처럼 무안해졌다.

소설 중 지옥에 대한 언급이 나오긴 나온다. "유령이 내뿜는 지옥의 공기는 대단히 끔찍했다." 세 유령이 나타나기 전 찾아온 옛 친구 말리의 유령에 대한 묘사다. 그런데 곧바로 이런 대화가 이어진다. "자네가 죽은 지 7년이나 되지 않았나." 스크루지가 말하자 말리의 유령이 대답한다. "7년

‡
스크루지의 동업자 말리는 죽은 후 어디에 있었을까? 지옥일까? 이승일까?
아서 라캄, 《크리스마스 캐럴》의 삽화, 1915.
내내 쉴 새 없이 떠돌아다녔지."

　　글쎄, 앞뒤가 안 맞는 것 아닌지? 몸에서 지옥의 공기
를 내뿜는다는 말은 조금 전까지 지옥에 갇혀 있었다는 이야
기일 텐데, 7년 내내 떠돌아다니며 스크루지가 어떻게 살아
왔는지 지켜봤다는 말은 죽은 후에도 이승을 떠돌아다녔다

지옥관광　떠나는　살아생전　~　**105**

는 이야기 아닌가. 지옥에 있었다면서 동시에 이승에 있었다고? 현세가 곧 지옥이라는 뜻일까?

디킨스와 지옥이 만나는 지점이 하나 더 있다. 바로 19세기 런던이다. 《크리스마스 캐럴》이 출판된 해는 1843년이다. 1850년에 디킨스는 탄식했다. "동식물의 찌꺼기는 물론 온갖 메스꺼운 폐기물이 오로지 템스강에 버려졌다."

1853년 《빌더》라는 잡지에는 이런 글이 실렸다. "런던 다리 아래는 스틱스강처럼 심각하고 런던 부두는 아케론강만큼 검다." 스틱스와 아케론은 그리스신화와 단테의 《신곡》에 등장하는 지옥의 강물이다. 런던 사람이 런던을 지옥에 견주어 표현했다. "우리가 사는 곳이 지옥"이라며 절규한 것이다.

당시 런던은 분뇨를 내버리는 곳 바로 옆에서 식수를 길어다 마실 지경이었다고 한다. 위생 상태가 이렇다 보니 19세기 중반에 런던은 잊힐 만하면 콜레라에 시달렸다. 1832년과 1848년, 1854년에 대규모 집단감염이 발생했다. 콜레라가 돌 때면 사람들은 겁에 질렸을 것이다. 코로나19 때처럼 말이다. 으윽, 코로나19를 잊으려고 스크루지를 읽기 시작했는데, 이렇게 나는 다시 감염병의 공포와 마주치게 되었다. 19세기에도, 21세기에도 인간은 감염병을 정복하지 못했다. 감염병이 도는 세계를 "지옥 같다"며 싫어하는 데도 말이다.

허클베리 핀의 천국 혹은 지옥

지옥은 고약한 곳이다. 그렇다고 천국이 즐거운 장소일까? 솔직히 이야기해보자. 천국 생활은 지옥보다 심심할 것 같다고 우리는 생각한다. 마크 트웨인은 소설 《허클베리 핀의 모험》을 썼는데, 주인공 허크(허클베리의 애칭)도 비슷한 생각을 한다.

허크는 거지 소년으로 살다가 중산층 집안에 들어가 살게 되었다. 그곳에서 그는 평범한 중산층 어린이가 받을 교육을 받는다. 예의범절을 갖춰야 한다느니 천국에 가기 위해 노력해야 한다느니 하는 교육이었다.

도대체 왜 천국에 가고 싶어야 하지? 천국이 어떤 곳인지 설명을 듣고 허크는 어이없어한다. "거기서 사람들이 하는 일이란 온종일 하프를 갖고 노래를 부르는 일뿐인데, 그걸 영원히 계속한단다. 내 생각엔 별로 좋지도 않은 것 같았다."

그러고 보니 하필 하프라는 점도 이상하다. 자주 보는 악기도 아닌데 말이다. 마크 트웨인은 어느 친구에게 편지로 투덜댔다. "(천국에서는) '모든 사람'이 하프를 뜯습니다! 솔직히 지상에 살며 악기를 하나쯤 연주하던 사람은… 1000명 중 스무 명도 안 될 텐데 말입니다."

노래도 문제다. 즐겁지만은 않다. "천국의 합창은…

‡
미스 왓슨은 "천국에 가려면 말 잘 들어야 한다"며 허크에게 겁을 주려고 시도한다.
에드워드 윈저 켐블,《허클베리 핀의 모험》의 삽화, 1885.

휴식도 없이 온종일 계속되고 날마다 거듭되고 열두 시간 내
내 지속된다고 합니다. 부르는 노래는 오직 찬송가뿐."

쉬지 않고 노래하는 일은 힘들다. 내가 합창단도 성
가대도 해봐서 안다. 몇 시간이고 노래를 연습하는 일은 고
문이다. 같은 소절을 수십 번씩 부르는 일도 있는데, 늘 노래

를 틀리는 사람이 또 틀리기 때문이다. 아무리 선량한 천국 주민이라도 날마다 이런다면 친구끼리 미워하는 마음이 싹 틀 것 같다.

허크는 지옥에서 악동 친구 톰 소여와 어울릴 일을 기대한다. "나는 혹시 톰 소여도 천국에 갈 수 있을 것 같으냐고 물었는데, 그럴 것 같지는 않다는 대답을 들었다. 그 이야길 들으니 나야 좋았던 것이, 녀석과 같이 붙어 있고 싶었기 때문이다."

이 구절 때문일까. 천국과 지옥에 대한 다음과 같은 유명한 농담이 마크 트웨인의 말이라고 소개되기도 한다. "좋은 날씨 때문이라면 천국, 친구를 보려면 지옥." 사실은 마크 트웨인이 만든 말은 아니라고 한다. 그가 강연할 때 자주 쓰기는 했지만, 오래전부터 내려오던 말이다. 사람들 생각은 비슷한가 보다.

한국 사람이 공감할 만한 말이기도 하다. "한국이 재미있는 지옥이라면 ○○○는 지루한 천국"이라는 말을 자주 들었다. '○○○' 자리에는 캐나다, 스위스, 뉴질랜드 등이 들어간다. 아무려나 '헬조선'이라는 말도 자주 듣다 보니 옛날처럼 슬프거나 원망스러운 기분이 드는 것 같지는 않다. 우리 모두 이 상황에 익숙해진 걸까. 어떤 사람 눈에는 지옥 같아 보이는, 하지만 나름 재미없지도 않은, 한국의 상황에 말이다.

알고 보니 선악 강요하는 살인자

××××

"불현듯 흥겨운 선율의 손풍금 소리가 거리에서 들려왔다. 그것이 마치 출정하기 전에 울리는 나팔 소리인 양 사임은 의연히 서 있었다. 그 명랑한 풍금 소리는 지저분한 거리의 가난한 사람들에게서 느껴지는 활력과 소박함, 그리고 용기로 가득했다. 손풍금 소리에 맞춰 매일 전쟁터에 나가는 거리의 평범하고도 친근한 사람들을 대표한다고 생각했다."

G. K. 체스터턴의 소설 《목요일이었던 남자》의 한 대목이다. 설명이 필요할 것 같다. 체스터턴은 영국의 작가다. 이런저런 글을 많이 썼다는데, 추리소설 《브라운 신부》 시리즈와 《목요일이었던 남자》가 많이 읽힌다(나도 그것만 읽어봤다).

소설가 보르헤스는 추리소설에 대한 강연에서 "체스터턴이 에드거 앨런 포보다 낫다"고 말한 적이 있다. 추리소설 팬들에게는 유명한 이야기다. 왜 유명하냐 하면, 한국에서 체스터턴을 소개할 때마다 이 구절을 인용하기 때문이다. 그러니까 체스터턴은 추리소설의 원조인 포를 능가하는, 무려 보르헤스가 인정하는 작가라는 것이다.

직접 읽어보면 글쎄, 무어라 말해야 할지. '보르헤스는 미스터리 문학을 별로 안 좋아했나 보다'라는 것이 내 솔직한 생각이다. 재밌긴 재밌다. 그런데 미스터리물로는 별로

110

다. 플롯은 수습이 안 되고 트릭은 썰렁하다. 그래도 깜짝 놀랄 정도로 재밌는 장면이 아주 가끔 있다. 보르헤스도 강연에서 그 점에 주목한다. 체스터턴의 소설이 전부 재밌다고는 말하지 않았다.

체스터턴이 파고드는 주제도 흥미롭다. 적지 않은 범죄소설이 그렇듯, 체스터턴의 작품도 선과 악이라는 문제를 다룬다. 그런데 독특하다. 선한 탐정이 악한 범죄자를 잡는 뻔한 이야기가 아니다. 악당과 싸우다가 스스로도 타락한, 악하고 폼나는 탐정의 이야기도 아니다.

탐정 브라운 신부는 성직자다. 선한 사람이지만 세상의 악에 대해 너무 잘 알고 있다. 체스터턴은 왜 가톨릭 신부를 주인공으로 했을까. 가톨릭에는 고백성사라는 것이 있다. 잘못을 저지르고 죄책감을 느끼는 사람이 남들 몰래 신부에게 자기 죄를 털어놓는 의식이다. 그러다 보니 속세를 떠나 사는 신부가 속세의 죄악에 대해 잘 아는 범죄 전문가가 되는 일도 있다고 체스터턴은 설명한다.

《브라운 신부》 시리즈의 처음 두어 작품에서 악당은 범죄자 플랑보다. 그런데 얼마 후부터 플랑보는 브라운 신부와 같은 편이 된다. 셜록 홈스와 왓슨 박사처럼 브라운 신부와 플랑보는 함께 다닌다. 체스터턴이 그려낸 세계에서 선과 악은 뒤엉켜 있다. 자기가 믿는 대로의 선과 악을 남에게도 강요하려는 사람, 똑똑한 형사니 점잖은 성직자니 위대한 장군이니 하는 잘난 사람이 살인을 저지르곤 한다.

장편소설 《목요일이었던 남자》에는 두 남자가 맞수로 등장한다. 예술가인 그레고리는 이 세계를 파괴하고 싶어 한다. 주인공 사임은 그에 맞서 세계를 지키려 한다. 주인공은 이따위 시시한 세계를 왜 지키나? "지저분한 거리의 가난한 사람들"이 "매일 전쟁터에 나가" 더럽고 치사한 일을 겪는 공간인데 말이다.

체스터턴은 선악이 불분명한 세상에서 이 지긋지긋한 일상의 평범함이야말로 드물게 선한 것이라고 봤다. 거리의 생활소음에 불과한 손풍금 소리가 영웅의 나팔 소리로 들리는 것은 이 때문이다.

코로나19가 일상을 위협하는 바람에 내가 이 구절을 떠올렸을까? 다른 이유가 있다. 1908년에 발표된 이 소설에서 주인공 사임은 스스로를 무신론자에 맞서는 그리스도교 전사라고 생각한다. 그때는 무신론자가 저 혼자 정의롭고 잘난 사람이었고 평범한 사람의 평범한 삶을 지키는 것이 종교를 가진 사람의 몫이었다.

그런데 100년이 지나는 동안 상황이 뒤집혔나 보다. 종교를 가진 사람이 저 혼자 정의롭고 잘난 사람이 되어, 평범한 사람의 평범한 일상을 위협하기 시작했다. 코로나19가

유행하는 동안 방역 수칙을 무시한 채 예배와 집회를 강행해 집단감염이 일어나기도 하고, 이승을 지옥처럼 만드는 여러 차별을 옹호하겠다며 팔 걷고 나서기도 한다.

　　　나는 여기서 종교에 대한 찬성과 반대를 말할 생각은 없다. "종교는 역시 나쁘다"거나 "그래도 종교는 옳다"고 말하려는 것이 아니다. 다만 지금의 부정적 모습이 종교의 원래 얼굴은 아니라는 점을, 문학작품을 인용하며 짚고 넘어가고 싶었다.

지옥을 여행하는 모티프

저승 여행, 특히 지옥 여행을 다룬 문학작품은 많다. 고전으로 불리는 작품을 뒤적이면 지옥 여행의 사례가 쏟아져 나온다. 내가 지금 이 책을 쓰고 있다는 사실이 그 증거다.

　　　어떤 사람들은 한술 더 뜬다. 모든 문학과 만화와 영화와 드라마, 즉 모든 이야기에서 지옥 여행의 모티프를 찾을 수 있다고 주장한다. 지옥이 직접 나오지 않더라도 변형된 형태로 등장한다는 것이다. 한때 할리우드에서 인기 있는 이론가이자 작가였던 크리스토퍼 보글러는 모든 재미있는 이야기는 열두 단계로 구성된다고 했다. 이야기 중간 부분에서 주인공은 지옥 세계로 떨어졌다가 아이템을 얻어 이승 세계로 돌아온다고 했다.

보글러의 열두 단계 이론은 신화학자 조지프 캠벨의 주장을 영화 쪽에서 끌어다 변형시킨 것이다. 세계의 많은 신화를 모아서 연구한 캠벨에 따르면 거의 모든 신화 이야기가 서로 닮았다고 한다. 캠벨은 이것을 '원형 신화'라고 불렀고, 이른바 '영웅의 여정'은 십여 단계로 이루어졌다고 주장했다.

열 단계가 넘어가지만, 한 줄로 줄여봤다. "이야기의 주인공은 지옥에 떨어지고 나서야 원하던 아이템을 손에 넣을 수 있다." 더 간단히 말하면 "주인공이 중간에 지옥에 가둬야 이야기가 재미있다" 정도가 될 터이다. 우리가 고등학교 문학 시간에 자주 배우던 '통과제의'가 이것이다(선생님이 통과제의라고 설명하면 꼭 "톰과 제리"라고 받아 적고 머리를 긁적이는 친구들이 있다).

이렇게 반응할 독자님도 있을 것이다. "주인공이 안 죽는 이야기도 많은데?" 물론이다. 모든 이야기가 죽은 사람이 부활할 수 있다는 세계관을 가지고 있지는 않다. 그래서 대부분은 상징적인 죽음을 맞는다. 주인공이 정말로 죽는 대신 죽음과 같은 고통을 받거나 죽은 듯 까무러치거나 주인공과 가까운 사람이 대신 희생을 치르곤 한다. 또는 음침하고 무시무시한 죽음의 공간에 다녀오는 장면으로 처리되기도 한다.

고전이라 불리는 작품들에는 저승 여행의 모티프가 자주 등장한다. 인류 최초의 서사시라고 불리는 《길가메쉬 서사시》에서는 친구 엔키두가 주인공 대신 죽음을 맞는다. 주인공 길가메쉬는 영원한 생명을 주는 아이템에 대한 정보를 얻고자 죽음의 강을 건넌다. 그리스 서사시 《일리아스》에서는 주인공 아킬레우스의 친구 파트로클로스가 아킬레우스와 똑같이 차려입고 나갔다가 죽음을 맞는다. 《오디세이아》의 주인공 오디세우스는 정말로 지옥 여행을 다녀온다. 문자 그대로 저승에 찾아가 중요한 정보를 얻어 오는 것이다(뒤에 자세히 나온다).

그리스도교의 구조를 이렇게 보는 의견도 있다. 예수가 십자가에 못 박혀 숨을 거둔 후 무덤이라는 공간에서 사흘을 보내고 인류 구원이라는 아이템을 손에 넣고 되살아났다는 해석이다. 죽은 후 사흘 동안 지옥의 림보에 다녀왔다는 해석도 있다. 이렇듯 수천 년 동안 비슷한 이야기가 반복되었다. 오늘날 RPG 게임의 지옥처럼 음침하고 괴물들이 나오는 던전 탐험도 마찬가지다.

동양의 이야기에서도 비슷한 내용을 찾으려는 사람이 많다. '단군신화'에 나오는 동굴이 저승이라고 보는 것은 그래서다. 이상화의 시 〈나의 침실로〉에서 "내 침실이 부활의 동굴임을 네야 알련만"이라는 구절이 통과제의와 관련 있는 내용이라고 시험에 자주 나오는 것도 마찬가지 이유다. 한국의 전통 무가 《바리데기》에서 주인공은 죽음의 공간에 가서 부모를 살릴 아이템을 얻어온다. 캠벨의 이론에 맞추어 《바리데기》를 해석하려는 시도가 한때 유행한 일도 있다. 판소리 《춘향전》의 주인공은 감옥에 갇히고 《심청전》에서는 인당수 물에 뛰어든다. 《장화홍련전》의 주인공 자매는 정말로 죽임을 당한다.

크리스토퍼 보글러는 영화에서도 지옥 여행의 모티프를 찾아낸다. 이야기 중간쯤에 "관객이 죽음의 맛을 느끼는 장면이 필요하다"고 했다. 영화 〈오즈의 마법사〉에서는 등장인물들이 모두 죽음의 고통을 겪는다. 허수아비와 사자와 나무꾼은 움직일 수 없게 된다. 도로시는 감옥에 갇힌다. 그런데 정말로 죽는 쪽은 마녀다. 도로시와 토토를 죽이려다가 오히려 자신이 죽임을 당하게 되자 죽음의 고통을 늘어놓으며 녹아버렸다. 〈스타워즈〉 시리즈도 지옥 여행 모티프가 잘 드러난 사례로 이야기되곤 한다. 에피소드 4에서 루크 스카이워커는 스승 오비완의 죽음을 목격하고 자기 자신도 떨어져 죽을 뻔한다. 보글러는 잠깐이나마 루크의 동료들이 루크가 정말 죽었다고 믿어버린다는 점을 강조한다. 이 짤막한 애도 장면을 통해 관객이 죽음의 맛을 느낄 수 있다는 것이다.

'신화와 〈스타워즈〉라니? 흥, 억지로 잘도 갖다 맞추시네'라고 생각할 독자님도 있겠다. 그런데 조지프 캠벨의 신화 이론이 유명해진 계기가 〈스타워즈〉 영화와 잘 맞아떨어진다고 소문이 났기 때문이다. 나중에 〈스타워즈〉 시리즈를 만든 조지 루커스는 캠벨을 자기 집에 초대해 직접 〈스타워즈〉 영화를 틀어주었다고 한다. "당신 이론을 미리 알고 영화를 만든 건 아니었지만, 사람들 이야기로는 당신 이론하고 내 영화가 딱 맞는다더군요"라고 덧붙였다고 한다. 캠벨 역시 "나는 수십 년 만에 처음으로 영화를 보거니와, 내 이론하고 당신 영화는 딱 맞아떨어집니다"라고 화답했다고 한다.

캠벨의 이론에서 '저승 여행' 단계는 '고래 배 속' 단계라고도 불린다. 저승이나 동굴이나 고래 배 속이나, 어두침침하고 고생스러우며 이승과 동떨어져 있기 때문이다. 《구약성서》의 예언자 요나도 《심청전》의 심청처럼 바다에 몸을 던져야 했는데, 그때 큰 물고기가 나타나 요나를 삼켰다. 요나는 고래 배 속에서 한참 시간을 보낸 후 원래 가야 했던 도시 니느웨에 도착할 수 있었다. 《피노키오》의 주인공은 아빠를 만나고 인간으로 다시 태어나기 전에 고래 배 속에 들어갔다.

루키아노스의 《진실한 이야기》는 흥미로운 텍스트다. 주인공 일행은 배를 타고 황당무계한 여행을 떠나는데, 중간에 고래 배 속에도 들어가고 또 저승 여행도 하게 된다.

고대의 신화와 이야기들을 패러디한 작품이기 때문에 이런 저런 모티프를 전부 집어넣은 것 아닐까 싶다.

　　캠벨 이야기 하나만 더 해보자. 조지프 캠벨은 자기 이야기가 단지 옛날 신화를 다룬 이론만은 아니라면서, 저승 여행 모티프를 염두에 두면 우리가 살면서 힘든 일을 더 잘 겪어낼 수 있다는 취지로 말했다. 예를 들어 아주 힘든 일이 있을 때면 스스로를 이렇게 위로해보라는 것이다. "오디세우스도 지옥에 다녀온 후에야 고향에 돌아갔고, 웅녀는 동굴에서 피노키오는 고래 배 속에서 고생을 겪고 나서야 인간이 되었고, 심청도 용궁에 다녀온 다음에 아버지를 다시 만났고, 루크 스카이워커도 손이 잘려보고서야 제다이가 되지 않았나. 나도 지금 이 고비만 넘기면 이야기 주인공들처럼 될 수 있을 거야. 지옥을 겪어내고야 말겠어."

　　지옥과 자주 비교되는 '헬조선'에서 살아내며, 캠벨의 이 생각이 도움이 될지 안 될지는 잘 모르겠지만, 이런 위안이라도 없는 것보다는 있는 것이 낫지 않을까.

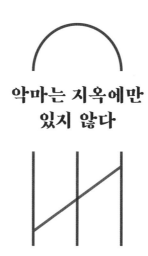

악마는 지옥에만
있지 않다

지옥에서 독방을 써야 할 히틀러

역사에 남을 나쁜 사람 이야기를 살펴보자.

지옥의 가장 밑바닥에는 누가 있을까. 가장 나쁜 사람
이 있겠지만 그게 누구일지는 사람마다 생각이 다를 터.《신
곡》에 나오는 지옥의 차가운 밑바닥 이야기는 앞서 말씀드렸
다. 단테가 본 삼대 악당은 예수를 배신한 유다와 카이사르를
배신한 두 사람이었다.

단테가 보기에는 카이사르의 암살이 예수의 처형과
맞먹을 정도로 나쁜 일이었다는 이야기다. 다른 사람들 생각

도 그럴까? 악과 악을 비교해 어느 악이 더 악한가 판단하는 일은 생각보다 까다로운 작업이다.

그 시절 이후로도 악당은 끊이지 않고 등장했다. 앞서거니 뒤서거니 지옥 밑바닥에 떨어질 후보군단이 모자랄 일은 없다. 가장 튀는 사람은 20세기의 대악당 아돌프 히틀러. 그를 지옥 밑바닥에 처박아놓은 유명한 그림도 있다.

화가 조지 그로스는 히틀러가 권력을 잡을 무렵 고향 독일을 등지고 달아나고 달아나다 미국에 눌러산다. 이름도 독일 이름 게오르그에서 미국 이름 조지로 바꾼다. 히틀러는 젊은 시절 극우파 정치 깡패였는데, 그때 그로스와 친구들이 그림으로 그를 비웃었기 때문이다. 히틀러를 시시한 깡패처럼 묘사한 작품들이었다. 그런데 히틀러는 시시한 악당이 아니었다. 최고로 사악한 사람이었다.

제2차 세계대전이 끝나갈 무렵 그로스는 〈카인 또는 지옥에 간 히틀러〉라는 제목으로 다시 히틀러를 그린다. 그림 속 히틀러는 지옥의 시뻘건 밑바닥에 앉아 진땀을 뻘뻘 흘린다. 히틀러 때문에 목숨을 잃은 수많은 사람이 백골이 되어 그를 향해 몰려온다. 제목에 보이는 '카인'은 《구약성서》에 나오는 인물. 자기 형제를 쳐 죽이는 분야에서 '최초'라는 기록을 세운 사람이다.

그런데 궁금하다. 히틀러는 지옥 밑바닥에서 독방을 쓸까? 히틀러와 같은 방에 들어갈, 그와 맞먹을 악당이 있을

‡
히틀러 때문에 고향을 등진 그로스는 히틀러에 대한 분노를 그림에 담았다.
조지 그로스, 〈카인 또는 지옥에 간 히틀러〉, 1944.

까? 별 시답잖은 질문 같지만 의외로 고민해볼 만한 문제다.

　　미국의 인기 드라마 〈소프라노스〉의 주인공은 이탈리아계 마피아다. 주인공의 친구들도 대부분 여러 민족의 갱단 두목이다. '크리스토퍼'라는 에피소드에서 아메리카 대륙을 발견한 크리스토퍼 콜럼버스를 두고 여러 민족(의 갱단 두목)이 입씨름을 벌이는 장면이 나온다.

이탈리아계 마피아한테 이탈리아가 고향인 콜럼버스는 영웅이다. 이탈리아계 이민자들이 미국에서 차별받던 역사가 있어서 더 그렇다. 미국을 발견한 게 콜럼버스인데, 미국에서 이탈리아계 이민자가 차별받아서야 되겠느냐는 이야기다.

그런데 우리가 흔히 인디언이라 부르던 아메리카 원주민 갱단의 두목은 콜럼버스를 악당 취급한다. 콜럼버스가 아메리카에 도착한 이후로 아메리카 원주민이 대량 학살을 당하기 시작했기 때문이다.

여기에 유대계 갱이 끼어든다. 그는 처음에는 콜럼버스가 나쁜 사람이라는 주장에 맞장구를 친다. 아메리카 원주민이 대량 학살을 당한 것처럼 유대민족 역시 히틀러한테 대량 학살을 당해본 경험이 있기 때문이다. 그런데 "콜럼버스야말로 히틀러와 맞먹는 악인"이라는 말이 나오자 발끈한다. 유대민족인 이 사람이 보기에 히틀러만큼 나쁜 사람은 또 없기 때문이다. 다른 사람과 비교하는 것조차 히틀러 편을 들어주는 역사 왜곡이라고 생각한다.

이와 비슷한 논쟁이 정말로 있었다. 20세기 후반에 독일의 우파는 히틀러를 재평가하자고 주장했다. 물론 히틀러가 좋은 사람이라고 주장하려던 것은 아니다. 아무리 우파라도 그건 어려운 일이다. 다만 히틀러만 나쁜 놈은 아니었다고 주장하기 시작했다. 에른스트 놀테라는 사람은 소련의 스

122

탈린을 끌어다 히틀러와 나란히 세웠다. 히틀러도 나쁘지만 스탈린도 나쁘다고 했다. 나치의 강제 수용소도 소련이 세운 정치범 수용소에 대한 대응이라고 주장했다. 이를 두고 '나치즘의 상대화'라고 한다. 이런 문제를 둘러싸고 벌어진 말싸움을 '역사가 논쟁'이라고 했다.

　　　독일에서 이 주장이 먹혔을까? 독일 시민들은 안 넘어갔다. 뻔한 '물타기' 수법이라고 봤다. 히틀러 때문에 희생당한 사람들을 모욕하는 일이라고 여겼다. 그래서 "아무개가 히틀러와 마찬가지로 나쁘다"라는 비교는, 해서는 안 되는 말이다.

　　　히틀러는 나쁘다. 스탈린도 나쁘지만 히틀러와 비교하는 일은 곤란하다. 히틀러를 재평가하고 싶어하는 사람들이 가장 바라는 일이다. 그렇다고 스탈린이 천국에 있을 것 같지도 않다. 그래서 나는 생각한다. '지옥 밑바닥에서는 스탈린도 히틀러도 독방을 쓰겠구나'라고. 그리고 지옥 밑바닥의 독방에 들어가 있을 수많은 독재자들을 생각한다.

아들을 죽인 핼러윈 살인자

××××

핼러윈 이야기를 하나 더 해보자. 이번에는 저승의 성인이 아니라 이승의 사람들, 지옥보다 끔찍한 이승의 범죄 이야기다.

해마다 핼러윈 때가 되면 사람들은 마녀, 뱀파이어, 늑대인간, 좀비, 유령으로 변장한다. 지옥에서 풀려나온 존재들 같다. 그런데 잘 생각해보면 정작 저 친구들 가운데 지옥에 '사는' 존재는 없다. 악마는 지옥의 거주민이라기보다 관리인이다. 마녀와 늑대인간은 안 죽었고, 유령과 좀비와 뱀파이어는 죽고도 지옥에 안 가는 존재다. 핼러윈 호박 등불을 뜻하는 '잭오랜턴'의 유래가 된 '구두쇠 잭'은 지옥에라도 가고 싶지만 지옥에서도 거부당한 친구다. 무서운 이들이 모여 있는 무서운 장소는 지옥이 아니라 이승이었다.

의외로 핼러윈에 무서운 의상을 많이 입지는 않는다고 한다. 미국소매협회(NRF)의 2019년 자료를 보니, 어린이들이 제일 즐겨하는 분장은 공주와 슈퍼히어로라고 한다. 〈겨울왕국〉의 엘사와 안나가 2.2%고 그 외의 공주가 7.9%다. 스파이더맨 5.2%, 나머지 어벤져스 멤버가 3.9%, 배트맨 3.5%에 기타 슈퍼히어로가 6%다. 어른은 마녀 분장(8.9%)이 많다고 한다.

외국도 점잖은 분들은 '핼러윈에 악마 숭배를 하는 것 아니냐'는 의심을 하는가 보다. 오스트레일리아 매체 《더 컨버세이션》에 실린 신학자 로빈 휘터커의 칼럼에 따르면 그런 걱정을 할 필요는 없다고 한다. 핼러윈 때 저승의 영혼이 이승의 고향을 방문하기는 하지만, 그들이 살던 저승은 지옥이 아니라 천국일 테니 말이다. 저승이건 이승이건 하루하루 힘들게 보내는 사람은 명절에 고향을 방문할 여유가 없다.

나는 예전에 핼러윈을 좋아하지 않았다. 종교적 맥락 없이 외국 명절이 늘어나는 것 같아 불만이었고, 지나친 상업성도 불편했다. 아이를 키우는 지금은 싫지 않다. 아이들이 좋으면 어른도 좋은 거다. 코로나 때문에 외출도 마땅치 않은데, 집에서라도 마녀 망토를 두르고 아이들이 즐거워하니 감사한 일이다. 게다가 핼러윈이 아니라면 싫어하기만 했을 거미나 상어, 박쥐도 아이들이 좋아하게 되어 다행이다.

그래도 지독한 상업성이 거슬릴 때는 있다. 미국에서 핼러윈은 상업적으로 두 번째로 큰 명절이라고 한다. 첫 번째는 물론 크리스마스다. 아무려나 핼러윈이 지금처럼 보편적인 명절이 된 것도, 1950년대에 미국 제과업체들이 대목을 노리고 적극적으로 뛰어들었기 때문이라나.

그전에는 아이들에게 직접 구운 쿠키와 케이크를 주었다고 하니, 모든 집이 핼러윈을 챙기긴 어려웠을 것이다. 그래도 사탕을 줄 때, 옛날 어른들은 정성을 보인다며 포장을 까서 주었던 것 같다.

1970년대를 지나며 포장한 채로 주는 풍습이 생겼다. 아니, 포장을 뜯지 않아야 아이들이 안심하고 받아갔다. 아이들 사탕에 어른이 독을 넣을지도 모른다는 의심 때문이었다.

1974년에는 텍사스의 여덟 살배기 어린이 티머시 오브라이언이 핼러윈에 사탕을 먹고 숨졌다. 청산가리가 들어 있었다. 아버지 로널드 오브라이언이 보험금을 노리고 저지른 범행이었다. 교회 집사였던 그는 큰 빚을 진 후 자기 아들딸의 생명보험을 들었다. 자신의 두 아이와 이웃집 아이들에게 독이 든 사탕을 나누어 주었다. 사탕을 받고 기뻐했을 아이들을 생각하니 마음이 쓰라리다. 이승의 사악함이 상상 속 지옥보다 끔찍한 또 하나의 예다.

록웰은 악마를 그리지 않았다

✕✕✕✕

이번에는 화가 노먼 록웰에 대해 이야기하려고 한다. 이 사람의 이름이 최근 다시 입에 올랐는데, 2020년 말 미국 대통령 선거가 끝나고 2021년 초에 당선자가 확정될 무렵이었다.

트럼프가 몽니를 부리며 개표에 딴지를 걸었지만, 대통령은 조 바이든, 부통령은 카멀라 해리스가 당선되었다. 해리스에게 부통령 당선 이상의 기대를 거는 사람이 많다. 유색인종 여성 부통령은 미국 사회에서 처음이라고 한다. 해리스의 이미지가 담긴 작품도 벌써 나왔다. 브리아 필러라는 사람이 디자인해 인터넷에 퍼졌다. 당당하게 걸어가는 해리스의 그림자가 여자 어린이의 실루엣으로 보이는 작품이다.

어린이의 실루엣은 노먼 록웰이 1964년에 그린 〈우리가 함께 사는 문제〉라는 작품에서 따왔다. 미국에서는 유명한 그림이다. 오바마가 이 그림을 백악관에 걸어 화제가 되기도 했다. 마침 나는 몇 해 전에 《불편한 미술관》이라는 책을 쓰며 이 그림을 소개한 바 있다.

"1960년, 미국 뉴올리언스. 백인만 다니던 초등학교에 흑인 소녀 루비 브리지스가 입학했다. 그 지역 인종주의자들이 성을 냈다. '백인 학교에 흑인이 다니면 안 된다'는 것이다. 분위기가 험악했다. 보안관들이 브리지스의 통학길을 지켜야 했다. 이 장면을 (4년 후에) 노먼 록웰이 그렸다."

나는 이 작품을 볼 때마다 놀란다. 노먼 록웰이 화폭에 그린 것 때문이 아니라, 그리지 않은 것 때문에 놀란다. 록웰은 나쁜 사람을 그리지 않았다. 브리지스에게 해코지하려고 하는 비열한 백인 어른들은 그림에 나오지 않는다. 브리지스를 경호하는 연방요원도 얼굴은 나오지 않는다. 오롯이 눈길을 사로잡는 사람은 여섯 살 어린이 루비 브리지스 한 명뿐이다.

나라면 어떻게 그렸을까 자주 생각한다. 나쁜 사람을 화면 가득 그리지 않았을까. 내가 좋아하는 그림 중에 〈십자가를 지고 가는 그리스도〉라는 작품이 있다. 히에로니무스 보슈가 그렸다고도 하고, 다른 사람이 보슈를 흉내 내 그렸다고도 한다. 이 그림은 사람들의 얼굴이 화면을 가득 메우고 있다. 가운데 수난받는 예수가 있고 예수를 괴롭히는 사람들 (화가가 보기에 악당들)이 둘레를 빼곡히 채웠다. 지옥에서 튀어나온 것 같은, 험악하고 못난 얼굴의 박람회랄까. 브리지스를 둘러싼 백인 어른들을 이렇게 그려보면 어떨까.

비슷한 사진이 있다. 1957년에는 '리틀록 9인' 사건이 있었다. 백인들만 다니던 아칸소주 리틀록고등학교에 흑인 학생들이 다니게 되었다. 이 가운데 엘리자베스 엑퍼드라는 학생이 있었는데, 이 학생이 동네의 백인들에게 봉변을 당했다. 혼자 나타난 열다섯 살 어린 학생을 두고 성난 백인들 수백 명이 몰려들어 침을 뱉고 욕을 하고 고함을 쳤다. 이 악몽 같은 장면을 기자 조니 젱킨스가 사진에 담았다. 엑퍼드의 뒤통수에 대고 고함을 빽 지르는 백인 학생도 있다. 같은 학교 학생인데도 그랬다. 한 사람, 한 사람 표정이 또렷해 지옥의 풍경처럼 무섭다. 이 사진은 지금 봐도 섬뜩하다.

이 사진을 다르게 볼 수도 있다. 인종차별하는 사람들의 악마 같은 얼굴이 영원히 사진으로 남았다. 그런데 사진 찍힌 사람들도 이렇게까지 자기들이 벌을 받게 될지는 몰랐을 것이다. 이들이 잘못을 저지른 것은 사실이다. 그런데 이들을 사진으로 남겨 영원히 미움을 받도록 조리돌림하는 일은 과연 옳은 일일까? 혹시 정의라는 명분으로 악을 악으로 갚는 위험에 빠지지는 않을까? 현실을 고발하는 사진의 윤리에 대해 고민할 때 자주 부딪치는 문제다.

노먼 록웰은 그림으로 사람을 단죄하지 않았다. 1965년에는 〈미시시피의 살인〉(또는 〈남부의 정의〉)이라는 작품을 남겼다. 미국 남부의 백인우월주의자들이 1964년에 인권운동가 세 사람을 납치해 목숨을 빼앗고도 제대로 처벌받지 않은 사건이 있었다. 분노한 록웰은 이 일을 그림으로 남겼는데, 이때도 살인자는 그리지 않았다. 습작에는 넣었다가 완성작에서 뺐다.

록웰은 60년 동안 신문과 잡지에 그림을 그린 화가다. 대공황도 세계대전도 민권운동을 향한 백인우월주의의 테러도 목격했다. 지옥과 같은 현실을 그리면서도 록웰은 지옥을 그리지 않았다. 지옥 그림과 가장 어울리지 않는 화가 가운데 하나일 것이다.

나도 요즘은 록웰을 닮고 싶다. 잘 안 될 것 같지만.

파스칼을 이긴 정치인

×××××

천국과 지옥을 놓고 내기를 걸 수 있을까? 수학자이자 철학자였던 블레즈 파스칼은 그럴 수 있다고 생각했다. 심지어 그러는 편이 좋다고 주장했다. 이 이야기에 앞서 어느 한국 정치인의 우스꽝스러운 사연부터 살펴보자.

한동안 입길에 오르던 이야기다. 이 정치인은 공천에 탈락하자 개신교 정당으로 옮겨 공천을 받았다. 그런데 이튿날 이분이 '정치인 불자 모임'에서 활동한 사실이 밝혀져 소동이 일어났다. 천주교에 입교해 세례를 받은 교인이라는 사실 또한 알려졌다. 이분은 세 종교의 신자였던 것이다. 공천은 취소되었다.

이것으로 끝이 아니다. 이분은 그다음에 또 다른 당에 들어가 끝내 공천을 받아냈다고 한다. 나름 복 받은 분이다. 여느 사람의 세 배나 되는 신앙심에 신도 무심하지 않으셨나 보다. 세 종교 가운데 어느 신이 돌봐주셨는지는 모르겠지만.

지옥 이야기를 하다가 나는 왜 이 정치인 이야기를 하는가. 오해는 마시길. 앞서 언급한 정치인이 지옥에 갈 것 같다는 뜻이 아니다. 오히려 반대다. 너저분한 선거판에 눈살 찌푸린 시민들을 활짝 웃게 만들어준 정치인이 이분밖에 없었다는 사실은 제쳐두고라도, 이분은 천국에 갈 가능성이 크다. 유명한 '도박사의 논증'에 따르면 그렇다.

수학자로 유명한 블레즈 파스칼은 철학자이기도 했다. 그는 사람들이 종교를 가져야 한다고 생각했다. 그런데 오늘날 길거리에서 자주 보는 "왜냐고 묻지 말고 일단 신을 믿으라"고 목소리를 높이는 길거리 전도 방식은 파스칼이 살던 17세기에도 이미 낡은 방법이었다. 대신 파스칼은 사람들을 설득하기 위해 수학적 논증을 이용했다.

논증은 다음과 같다. 신은 존재할 수도 있고 아닐 수도 있다. 당신이 '도박사'라면 어느 쪽에 걸어야 할까, 신이 존재하는 쪽? 아니면 신이 없다는 쪽? 주사위를 던져서 6이 나올 확률이 1/6이라는 사실은 알지만, 신이 존재할지 아닐지의 확률은 모른다. 그래도 우리는 신을 믿는 일과 신을 믿지 않는 일, 각각의 '기댓값'을 어림잡아 계산할 수 있다.

① 신을 믿는 경우. 신이 존재하지 않는다면 약간의 손해를 볼 수도 있다. 대신 신이 존재한다면 극락이나 천국에 가게 될 테니 이익을 무한히 본다.

② 신을 믿지 않는 경우. 신이 존재하지 않는다면 어떨까. "거봐, 내 말이 맞지" 하는 자기 잘난 맛을 즐길 수 있는데, 이것은 별로 큰 이익은 아니다. 하지만 아무리 낮은 확률이라도 신이 존재한다면, 지옥에 떨어지는 무한한 손해를 본다.

그러므로 신이 존재할 확률이 어떠하든지, 신을 믿는 쪽이 믿지 않는 쪽보다 기댓값이 크다. 무한히 크다. 그러니 파스칼의 주장대로라면, 제정신 박힌 '도박사'는 신을 믿는 쪽에 내기를 걸어야 할 것이다.

그럴싸하다. 고리타분한 교리 대신 '도박사'가 등장하는 점도 '쿨'해 보인다. 그런데 찜찜하다. 파스칼의 논증에 대

✤
도박사는 자기가 이길 수 있다고 생각하지만, 기대대로 일이 돌아가지는 않는다.
카라바조, 〈카드 속임수〉, 1594년경.

해 여러 반박이 있다. 대부분은 원래 논증만큼이나 긴가민가 싶지만, 다음 반박 하나는 머리에 쏙 들어온다. "그래, 파스칼의 말이 다 맞다 치자. 종교를 가지는 쪽이 이익을 극대화하는 합리적인 선택이라고 하자. 그런데, 그렇다면 종교를 하나만 가지는 쪽보다 동시에 여럿 가지는 쪽이 천국을 배당받을 확률이 높지 않을까?" 정곡을 찌른다.

물론 이 반박에는 전제가 있다. '아무리 천국에 가고 싶대도 동시에 여러 종교를 믿는 사람이 설마 있겠느냐, 그럴 사람은 없다'는 상식이 그 전제다.

그런데 이 상식이 뒤집힐 줄이야. 세 종교를 동시에 믿는 정치인 이야기에 내가 눈이 번쩍 뜨인 이유다. 이분이야말로 천국에 갈 확률이 높지 않은가. 이분 하나만의 사연이 아니라고 한다. 정치평론가 김민하가 방송에서 꼬집었다. "정치인은 불, 개, 천을 기본으로 믿어야 한다는 말이 나온다. 선거 때는 모든 종교 시설에 정치인이 다 간다." 파스칼의 논증이 맞다면 천국 역시 높으신 분들이 분양받기로 예약이 꽉 찼을 터이다. 왠지 그럴 것 같더라.

우리 같은 사람은 지옥에 대해서나 계속 알아보자.

이승을 본떠 만든
지옥의 형벌

절대 악취의 냄새 지옥?

지옥에 도입할 새로운 이색 형벌을 고안해봤다. 냄새 지옥은 어떨까. 그런데 다시 생각해보니 이상하다. 냄새 지옥이면 있을 법도 한데, 왜 아직 없는 걸까?

팬데믹 시대의 말 못 할 고민, 그것은 입 냄새다. 온종일 마스크를 쓰는 날은 아무리 양치를 해도 소용이 없다. 미미한 냄새가 마스크 안에 쌓여 코를 간질인다. 이런 냄새를 나나 남이나 서로 내뱉고 들이쉬고 살았다니. 세상이 나한테 사과해야 할지 내가 세상에 사죄해야 할지 잘 모르겠다.

이렇듯 악취란 고통이다. 그런데 어째서 냄새로 고통받는 지옥은 찾기 힘든 걸까. 죄인을 묶어놓고 악취물질을 코에 들이대는 악마가 있다는 지옥은 들어본 적이 없다. 이 쓸데없는 문제를 나는 한참 고민했다. 어쩌면 부끄러운 현실에서 달아나 냄새의 민망함을 잊으려는 시도였을지도 모른다. 나는 세 가지 실마리를 찾았다.

첫째 실마리는《신곡》에 있다. 〈지옥 편〉의 제11곡은 지옥의 전체 구조를 설명한다. 그때까지 말이 많지 않던 안내자 베르길리우스가 주절주절 말을 쏟아낸다. 왜 뜬금없이 이 대목에서 그는 학습만화에 나오는, 아는 것 많은 삼촌처럼 기나긴 설명을 늘어놓을까? 어째서 굳이 열한 번째 노래에?

바로 냄새 때문이다. "그곳은 너무나도 역겨운 악취가 깊은 심연에서 풍겨 나오고 있"어서였다. 조금 기다리자고 베르길리우스는 제안한다. "먼저 사악한 냄새에 우리의 감각이 약간 익숙해져서 신경 쓰지 않도록 천천히 내려가는 것이 좋을 것 같구나." 여기서 우리는 새삼 깨닫는다. 냄새의 고통이란 끔찍하지만, 시간을 조금만 끌어도 익숙해진다는 사실을 말이다.

두 번째 실마리는《전쟁에서 살아남기》라는 책에서 찾았다. 과학책 작가로 유명한 메리 로치가 제2차 세계대전 때 미국 정보기관의 기밀문서를 소개한다. 그때 스탠리 러벌

국장은 기괴한 신무기 'S액'을 만들기 위해 노력했다고 한다.
사회생활이 어려울 정도로 지독한 악취를 풍기는 물질이었
다. 독일이나 일본 장교에게 'S액'을 묻히면 점령군이 타격을
입으리라는 원대한 계획이었다. 러벌 국장은 진지했던 것 같
다. "백만 달러짜리 코"라 불리던 화학자 어니스트 크로커와
함께 누구나 싫어할 절대 악취(메리 로치의 표현에 따르면 '악취
제의 성배')를 만들기 위해 큰돈을 들였다.

그런데 이 계획은 실패했다. 왜? "누구나 싫어할" 냄새가 존재하지 않았기 때문이다. 조사를 해보니 어떤 사람은 토사물 냄새를 "향수로 뿌리고 싶은 냄새"라고 대답했고, 어떤 사람은 하수 냄새를 "음식 냄새"로 여기더라는 것이다. 악취의 기준은 보편적이지 않다.

마지막 힌트는《엉덩이 탐정》에 있다. 어린이 세계에서는 절대적 지지를 받는 작품이다. 주인공은 명탐정인데 얼굴이 있어야 할 곳에 엉덩이가 있다. 범인이 저항하면 입인지 항문인지 불분명한 기관으로 방귀를 뿜어낸다. 냄새를 맡은 범인은 쓰러진다. 그런데 범인을 쫓던 경찰들도 함께 쓰러진다는 점이 웃음 포인트. 악취는 고문하는 쪽도 고문받는 쪽도 함께 괴롭게 한다.

뿌린 대로 거두리라, '콘트라파소'

이런 지옥은 어떨까. 이승에서 슈퍼갑질을 하던 사람이 을이 되어 호되게 갑질을 당하는 지옥. 이승에서 돈 많고 권세 있다고 떵떵거리던 사람이 재산도 지위도 없이 구박당하는 지옥. 이승에서 남을 때리던 사람이 남에게 얻어맞는 지옥. 이승과 지옥에서 정반대의 일을 겪는다니 흥미진진하다. 단테와 라블레는 그런 맞춤형 형벌을 상상했다.

뒤로 걷는 지옥이 있다. 벌 받는 사람들 목이 반대로 꺾여 있기 때문이다. "얼굴이 등 쪽으로 돌아가 있어, 앞을 바라볼 수 없으니 그들은 뒤로 걸어가야만 했다." 《신곡》〈지옥편〉의 제20곡에 나오는 내용이다.

이상하다. 《신곡》에 나오는 지옥은 모두 아홉 단계인데, 여기는 여덟 번째 단계이니 꽤 심한 벌을 받는 곳이다. 거꾸로 처박힌 채 발바닥에 불이 붙는 벌(제19곡)과 펄펄 끓는 역청에 담겨 꼬챙이에 찔리는 벌(제21곡) 사이다. 그런데 그런 무서운 장소치고는 벌이 약해 보인다. 뒤로 걷는 어르신이라면 이른 아침 동네 약수터에서도 자주 만나지 않던가. 심지어 뒤로 손뼉도 치시는데 말이다.

어째서 이것이 굴욕적인 벌이라고 주장하는가? 이들이 누구였나 살피면 답이 보인다. 바로 예언가와 점쟁이, 인간에게 허락된 지식을 넘어서려던 사람들이다. "보아라, 너무 앞을 보려 했기 때문에 이제는 뒤를 바라보며 뒤로 걸어간단다." 앞을 내다보던 사람을 뒤만 보게 만들어 놓았다는 점이 이 벌의 핵심이다. 불지옥의 신체 고문도 무섭지만, 이렇듯 굴욕적인 맞춤형 고문도 끔찍하다. 살아생전에 하던 일을 영원히 후회하게 될 테니까.

이승에서 저지른 것과 정반대로 저승에서 벌 받는 일을

누구나 미래를 내다보기를 바라지만, 지나치면 죄가 된다.
얀 반 데어 스트라트, 《신곡의 삽화》, 1587.

단테는 '콘트라파소'라고 했다(옛 이탈리아어로 contrapasso). 반대로(콘트라) 겪는다(파소)는 뜻이다. 말은 어렵지만 내용은 낯설지 않다. "단테 작품 속 천벌 같네요. 덩치 크고 폭력적인 사람이 늙고 병들어 무력한 신세가 되다니." 20세기 미국의 하드보일드 작가 로스 맥도날드의 《블랙 머니》에 나오는 문장이다. 케첼은 이 범죄소설에 '만악의 근원'으로 나오는 악당이다. 탈세며 도박이며 협박이며 폭행이며 온갖 나쁜 짓을 하고 다니다가 어느 날 픽 쓰러진다. 뇌졸중 같은 병이었나 보다. 혼자서는 몸도 가누지 못하는 처지. 그런데도 쉴 새 없이 도망을 다녀야 한다. 옛날에 괴롭히던 사람들한테 이제 해코지당할까 봐 두렵기 때문이다.

맞춤형 고문은 잔인하다. 당하는 사람한테는 갑절로 굴욕이다. 그런데 보는 사람은 어떨까? 고문이 일어나는 장소가 지옥이라는 점이 중요하다. 잘못한 사람이 벌을 받는 곳이다. 《신곡》을 번역한 김운찬 선생은 콘트라파소를 '인과응보'라는 말로 옮겼다(제28곡). 지옥의 잔인한 장면을 보며 오히려 통쾌하게 여길 수도 있다. 현실에서 우리는 바르게 산 사람이 고통받고 뻔뻔한 사람이 잘나가는 모습을 너무 많이 본다. 그래서 잘못한 사람을 우리는 상상으로라도 벌주고 싶다. 이것을 있어 보이는 말로 '시적 정의'라고 부른다.

《팡타그뤼엘》의 제30장에는 저승 장면이 나온다. "이 세상에서 대귀족이었던 사람들은 저세상에서 밥벌이를 하며 불쌍하고 초라한 삶을 살아가게 마련이지요. 반대로 철학자들과 이 세상에서 궁핍했던 사람들이 저 너머 세상에서는 자기들 차례를 만나 대귀족이 된답니다."

이승의 나라님들은 저승에서 삯을 떼이는 품팔이꾼이 된다. 거지 철학자였던 디오게네스가 정복자 알렉산드로스 대왕을 부려먹고 몽둥이로 패는 곳이다. 《팡타그뤼엘》의 지옥 여행자는 "이들을 보며 매우 즐거운 시간을 보냈다"고 말한다. 라블레 같은 사람이 다시 나타나 오늘날의 유명한 사람들을 등장시켜 지옥 이야기를 새로 써주면 재밌겠다.

숟가락 지옥인가, 숟가락 천국인가

'착하게 살라'는 말은 식상하다. 다른 말이 필요하다. 그래서 나온 말일 것이다.

"나쁜 짓을 하면 지옥에 가고 지옥에 가면 엄청 아프게 벌을 받는다."

옛날 사람은 믿었을지 모르지만 영악한 요즘 사람은 귀 기울여 듣지 않는다. 그래서 새로운 시대의 새로운 천국과 지옥이 등장한다. 긴 숟가락 지옥은 좋은 예다.

이제는 옛날 노래가 되었지만, 아이언 버터플라이의 〈인아가다다비다 In-A-Gadda-Da-Vida〉라는 곡이 있다. 사이키델릭 록을 대표하는 17분짜리 명곡이다. 제목은 무슨 뜻일까. 허세 가득한 말투로 "에덴의 동산에서(인 더 가든 오브 에덴)"를 발음하면 저렇게 들린다는 설명이 있다.

우리말로 에덴의 동산이라니, 찬송가 제목 같다. 아닌 게 아니라 이를 풍자한 작품이 있다. 역시 옛날 만화영화가 되었지만, 〈심슨가족〉에 나오는 장면이다. 바트 심슨이 이 곡에 "에덴의 동산에서"라는 제목을 붙여 찬송가 대신 불렀다. 교회는 17분 동안 록 콘서트장이 되고 화가 난 러브조이 목사는 아이들을 닦아세운다. "너희 중 범인이 있어. 내가 하는 말 따라 해봐라. '사실대로 고백하지 않으면 지옥 불에 떨어져서 불타는 석탄을 삼키고 끓는 콜라를 마시며 (…) 굶주린 새의 부리에 혀를 찢길 것이다.'" 겁먹은 아이가 소리친다. "바트요! 바트가 범인이에요!"(시즌 7의 4화)

〈심슨가족〉에 나오니 웃고 말지만, 요즘 세상에 목사가 저랬다가는 경을 칠 것이다. 하드고어 테마파크 같은 지옥 묘사로 사람을 겁주는 일은 지난 시대의 이야기다. 게다가 요즘 지옥은 다르다.

긴 숟가락 지옥, 또는 긴 숟가락 천국 이야기를 들어본 적이 있을 것이다. 이 이야기에 따르면 저승에는 천국과 지옥이 따로 있지 않다. 푸짐한 식탁과 자루가 긴 숟가락이 있을 뿐이다. 그런데 숟가락이 얼마나 긴지 이 숟가락을 잡고서는 아무리 팔을 굽혀도 숟가락에 뜬 음식이 제 입에는 들어오지 않는다. 그렇다면 이러한 저승에서는 어떻게 해야 할까?

멀리 앉은 사람이 긴 숟가락에 맛있는 음식을 떠서 내입에 넣어주는 것이 나한테는 제일 좋은 일이다. 그런데 그러려면 나도 맛있는 음식을 떠서 다른 사람 입에 넣어줘야 한다. 착한 사람이 둘러앉은 식탁에서는 이 일이 순조롭게 진행될 것이다. 솔직히 말해, 그다지 착하지 않더라도 바보만 아니라면 이렇게들 떠먹여줄 것 같다.

하지만 욕심이 앞서는 사람, 저만 아는 사람이 모인 식탁에서는, 내가 저 사람에게 음식을 떠먹이더라도 다른 사람이 내게 음식을 떠줄지 확신하기 어렵다. 서로를 믿지 못하는 것이다. 그래서 모두가 배가 고픈 채 서로를 원망하게 된다. 유혈이 낭자하지는 않아도 고통스러운 지옥이다. 성대한 만찬을 앞에 두고 배를 곯는다는 맞춤형 고문이 탄탈로스가 나오는 그리스신화 속 지옥 이야기와 닮았다. 게다가 자기가 괴로운 까닭은 자기랑 똑같은 사람들 탓이다. 한마디로 셀프 지옥이다.

하지만 잘 생각해보면 허술한 이야기다. 미국 드라마 〈보드워크 엠파이어〉에서 잘 꼬집었다. 금주법 시대의 영리한 악당 너키 톰슨은 긴 숟가락 지옥 이야기를 듣더니 안 그래도 찌푸린 얼굴을 더 찌푸리며 한마디 한다. "이해가 안 돼. 숟가락을 짧게 잡으면 되잖소?"(시즌 2의 11화)

그런데도 긴 숟가락 지옥은 유명하다. 어찌나 인기가 많은지 신부님도 목사님도 스님도 유대교 랍비도 자기네 종교 이야기처럼 가져다 써서, 처음에 어디서 나온 이야기인지 밝히기 어려울 정도다. 숟가락을 잘 안 쓰는 중국에도 '긴 것

143 살 떠 지 ~ **143**
아 나 옥
생 는 관
전 광

가락' 이야기가 있다니 말이다. 나는 긴 숟가락 지옥을 처음 이야기한 사람이 누구인지 찾아보려 했으나 이런저런 설이 너무 많아 곧 포기했다. 그 대신에 두 가지 사실을 생각했다.

① 지옥에 대한 사람들의 생각이 바뀌었다는 점이다. 지옥도 이제는 밑도 끝도 없이 고문만 당하는 곳이 아니다. 논리적으로 설명이 가능한 공간이다.

② 착한 일이란 무엇인지에 대해 사람들의 생각이 달라졌다는 것이다. 옛날에는 자기를 희생하는 사람이 바른 사람이고 착한 사람이었다. 고문당하다 죽은 순교자, 남을 구하고 대신 죽은 의인, 나라를 구하려다 목숨을 잃은 독립운동가 같은 사람이 가던 곳이 옛날의 천국이다. 그런데 긴 숟가락 천국은 다르다. 남에게 좋은 일을 해주는 이유는 자기도 이익을 보기 위해서다. 희생하는 사람이 모인 곳만 천국이 아니다. 이제는 자기한테 무엇이 이익인지 셈이 빠른 영악한 사람이 모인 장소 역시 '천국'이 될 것이다.

게임이론에서 말하는 '최적의 해'라는 개념이 있다. 경제학은 이른바 합리적 주체를 가정하는데, 각자 자기한테 더 큰 이익을 찾아 움직이다 보면, 어떤 상황에서는 모두가 함께 망하기도 하고, 어떤 상황에서는 모두가 그럭저럭 만족할 만한 균형점을 찾게 된다는 것이다.

옛날 사람들에 따르면 천국에 가는 조건은 그다지 논

리적이지 않았다. 믿음을 가지면 간다는 설명도 있고, 스스로를 희생하면 천국에 간다는 설명도 있고, 큰 상을 받기 위해 천국에 가야 한다는 설명도 있다. 먼저 "믿습니다"를 외쳐야 할지, 자기 자신을 버려야 할지, 반대로 자기가 받을 큰 상에 대해 생각해야 할지 헷갈린다. 반면 긴 숟가락 천국은 합리적이다. 어차피 내 입에 내가 음식을 댈 수 없다면, 남의 입에 맛있는 음식을 떠먹이는 편이 내 이익을 보장한다.

옛날의 착한 사람은 옛날 천국에서건 긴 숟가락 천국에서건 잘 지낼 것이다. 자기 입에 음식이 들어오는지 아닌지 신경도 쓰지 않을 테니 말이다. 그런데 영리한 악당 너키 톰슨이라면 어떨까. 옛날의 천국에 갈 사람은 아니다. 자기가 손해 보지 않으려고 남을 짓밟을 수도 있는 사람이라서다. 하지만 긴 숟가락 지옥에 간다면, 그리고 숟가락을 짧게 잡을 수 없는 상황에 놓인다면, 이내 마음을 고쳐먹고 앞사람 입에 음식을 떠 넣어줄 것이다. 이쪽이 최적의 해니까. 이쪽이 자기도 이익이니까.

예수는 말했다. "부자가 천국에 들어가는 일은 낙타가 바늘구멍에 들어가는 일보다 어렵다." 그런데 이 말도 옛날이야기 같다. 긴 숟가락 지옥 덕분에 제 잇속을 차리던 영악한 부자들 역시 저승에서마저 배불리 지내게 됐다. 좋은 일인지 아닌지 나는 모르겠다.

혓바닥에 황소가 올라간다면

XXXX

지옥에서 고문받는 신체 부위 가운데 제일 특이한 곳은 어디일까. 사람마다 다르게 느낄 것 같긴 한데, 나는 혓바닥이 제일 이상하다.

유서 깊은 사찰의 지옥 그림은 보는 맛이 쏠쏠하다. 꼬챙이에 어묵 꽂듯 사람을 장대에 꿰어 쇳물이 펄펄 끓는 솥에 집어넣는 확탕지옥, 샌드위치에 햄 넣듯 널 사이에 사람을 묶은 채 커다란 톱으로 슬근슬근 썰어대는 거해지옥, 삐죽삐죽한 칼날이 산처럼 솟아 있고 그 위로 사람을 던져 푹푹 꽂는 도산지옥 등 '지옥 관광'에 시간 가는 줄 모른다. 어째서 우리는 지옥 그림에 끌리는 것일까. 화가의 고삐 풀린 상상력에 감탄해서일까, 아니면 잔인한 광경이 마음을 홀리기 때문일까.

가장 눈길을 끄는 지옥은 발설지옥이다. 입을 다물지 못하도록 머리채를 형틀에 묶은 채 죄인의 혀를 잡아당긴다. 혀를 뽑고 또 뽑아 밭떼기처럼 넓게 펼쳐놓는다. 그 위로 황소가 쟁기를 끌고 지나간다. 무슨 죄를 지으면 이런 벌을 받을까? 입으로 짓는 죄는 종류도 많다. 술을 많이 마신 죄, 거짓말을 하고도 즐거워한 죄, 남의 흉을 본 죄, 말로 가족 사이를 갈라놓은 죄. 제주 큰굿인 '시왕맞이'에 따르면 "어른 말에

오윤은 화엄사의 지옥 그림을 응용해
현대의 상업주의를 고정했다. 그림 아래쪽이 발설지옥.
오윤, 〈마계탱 I : 지옥도〉, 1980.

걸대답"한 죄도 발설지옥행이라고 한다. 어르신이 "한국이
어쩌고 좌파가 어쩌고" 같은 이야기할 때마다 건성으로 말을
받으며 딴생각을 하는 나 같은 사람은 큰일났다.

　　혀는 예민하다. 캐나다에서 활동한 와일더 펜필드라
는 의사가 있다. 산 사람의 두개골을 열고 전기자극을 주면서
'뇌의 지도'를 그렸단다. 대뇌피질의 어떤 부분이 우리 몸 어

느 기관을 담당하는지 연구했다. 감각신경으로나 운동신경으로나 가장 넓은 영역을 차지하는 것은 손과 혀. 이 내용을 그림으로 풀기도 했다. 손과 입과 발이 몸통보다 커 보이는 '펜필드의 호문쿨루스'라는 기괴한 그림을 한 번쯤 보신 적 있으리라(호문쿨루스란 연금술로 만들었다는 작은 사람이다). 이 그림에서도 혀는 큰 부분을 차지한다.

혀가 아플 때 심하게 고통스러운 까닭은 그래서다. 살짝만 다쳐도 혀가 얼마나 아픈지 혓바늘을 겪어본 사람은 안다. 잠시만 눌려 있어도 얼마나 뻐근한지 치과 치료를 받아본 사람은 안다. 그러니 발설지옥의 고통이 어떠할지 상상해보자. 혀를 부풀리고 넓게 펴기 위해 쇠뭉치로 두드린다고 한다. 그 위로 쟁기가 지나간다. 보습의 날이 혀를 가르고 고랑을 판다. 살점이 옆으로 말려 이랑이 된다. 쟁기를 끄는 것은 느릿느릿 걷는 황소. 한 발, 한 발 내디딜 때마다 묵직한 고통이 혀뿌리를 타고 오른다.

옛날 서양에서도 비슷한 상상을 했나 보다. 고대 그리스 사람들은 '혀 위의 황소'라는 표현을 썼다. 요즘 인터넷에서 쓰는 '할말하않(읍읍)'과 비슷한 의미다. '할 말은 있지만 하지 않는다(읍읍).' 무거운 황소가 혀를 누르는 바람에 자유롭게 혀를 놀릴 처지가 아니라는 뜻이다. "혀 위에 황소가 앉아 있다"라는 그리스 속담에서 황소는 진짜 황소를 가리킬 수도 있다. 그런데 다른 해석도 있다. 옛날 아테나이 사람들이 주화 앞쪽에 황소 그림을 찍었는데, 혀 위의 황소는 이 황소를 의미한다는 주장이다. 침묵을 지키는 이유는 돈 때문이라는 것. 매수당해 해야 할 말을 안 하거나 벌금이 두려워서 하고 싶은 말을 못 하거나, 어느 쪽이든 자주 보는 상황이다.

할 말을 못 하는 고통 역시 혀 위에 황소가 타고 누른 발설지옥의 고통에 포함된다고 나는 생각한다. 남 눈치를 살피느라 입을 다물고 마는 이승의 지옥에 대해서도 생각한다.

눈 뜨고 코 베이는
'헬조선'

연애, 입시, 종교, 지옥게임 삼부작

아무도 하고 싶어하지 않을 게임을 상상한 일이 있다. 현실과 지나치게 닮은 게임이라면 하고 싶은 마음이 생기지 않을 것이다. 만화가들이 모여 가끔 수다를 떤다. 한번은 이런 이야기가 나왔다.

"재미있는 게임은 이미 많으니, 만들어질 리 없는 정말 재미없는 게임을 이야기해봐요."

이렇게 아이디어를 모은 세 가지 게임이 있다.

① 첫 번째는 커플 지옥. 전형적인 연애 게임은 어떤가. 주인공은 평범하다. 짝사랑 상대는 이성이건 동성이건 인기가 폭발. 그런데 주인공이 고작 몇 가지 선택만 잘하면 둘이 커플이 된다는 거다. 게다가 연애가 시작되면 늘 행복할 것만 같다.

"연애 시뮬레이션 게임은 인기가 많죠. 하지만 '리얼' 연애 게임은 어떨까요?"

"헉!"

무서운 '리얼'의 세계. 첫사랑은 이루어지기 힘들다. 맺어진대도 달콤한 시간만 있지는 않다. 자기 한 몸 간수하기도 힘든데 연애 상대도 챙겨야 하고, 주위 눈치도 살펴야 한다. 이 리얼함을 게임으로 만드는 거다. 비밀 연애 안 들키기, 애인 과제물 대신 해주기, 애인의 가족과 주위 사람 챙기기…. 아, 피곤하다.

"잔인해요! 연애에 대한 환상이 깨지겠어요!"

"게임이 진짜 나오면 밸런타인데이 때 솔로 친구들끼리 선물할 수도 있겠군요."

② 입시 지옥은 육성 시뮬레이션 게임을 비튼 것이다. 〈동물의 숲〉이나 〈다마고치〉처럼 동물을 키우거나 〈프린세스 메이커〉처럼 공주나 아이돌이 능력치를 쌓고 성장하도록 관리하는 게임이다. "하지만 '리얼' 육성 게임은 어떨까요?"

리얼한 세계에서 능력치를 올리는 일이란 몹시 어렵다. 수십, 수백 문제를 풀어야 1점이 오를까 말까다. 생각만 해도 피곤한 일이다. 누가 이 게임을 하고 싶어할까.

③ 불신 지옥은 '리얼' 종교 게임이다. 나라를 키우거나 회사를 경영하거나 문명을 세우는 전략 시뮬레이션 게임의 패러디다. 플레이어는 신흥종교를 대형교단으로 키워야 한다. 다른 종교의 신자를 빼 오거나 말 안 듣는 교인을 파묻거나 부동산과 헌금으로 교단을 키운다. "이 게임은 좀 재밌을지도 모르겠어요"라는 의견도 있긴 했다.

이것이 '지옥게임 삼부작'이다. 정말 있는 게임은 아니다. 진짜 지옥을 다루지도 않는다. 이름은 지옥인데 내용은 현실이다. 지옥이 현실의 반영이라서 그럴까. 연애건 입시건 종교 생활이건, 우리 현실이 지옥과 다르지 않아서 그럴까.

연애는 한국에서 지옥이다. 젊은 친구들을 만나면 "왜 연애를 안 하시냐"고 가끔 묻는다. 슬픈 대답을 듣는다. "사는 게 힘들어 연애를 할 여력이 없다"는 거다. 질문부터가 미안하다. 한국의 입시는 옛날부터 지옥이었다. 지금은 더 살벌하다. 경쟁은 갈수록 심해진다. '불신 지옥'은 한국의 종교를 비꼬는 말이었다. 자기만 옳고 남이 그르다는 종교인을 우리는 자주 본다. 종교뿐이랴. 정치도 협상보다 싸움이 우선이다. 누구나 아는 우리 사회의 씁쓸한 면이다. '헬조선'이라는 말도 이래서 나왔을 터.

헬조선에 대해 푸념도 자주 했더랬다. 그런데 최근 몇 년 동안 많은 것이 바뀌었다. 팬데믹의 시대, 코로나19 사태를 거치며 우리는 놀랐다. "여기가 헬조선인 줄만 알았는데 살 만한 곳이었잖아!" 지금 와서는 유럽이건 미국이건 딱히 가고 싶은 곳도 없다. 이것은 좋은 이야기일까? 보기에 따라서는 전 세계가 '헬'이었다는 사실이 밝혀진 것일 수도 있다. 이것은 나쁜 이야기일까?

지옥 없는 천국이 가능할까?

천국과 지옥에 관한 네 가지 이야기를 해보자.

첫 번째 이야기는 지옥 없는 천국.

"난 지옥은 없고 천국만 있다고 생각해."

"어째서?"

"불완전한 존재인 우리 인간이 잘못을 한다고 해서 지옥에 보낼 정도로 신이 쩨쩨하지는 않을 거야."

옛날에 성당 친구한테 들은 말이다. 천국만 믿고 지옥은 안 믿는다니, 뷔페처럼 골라 믿는 게 가능할까 싶었지만, 어쨌거나 지옥이 무서운 사람에게는 기쁜 이야기 같았다.

두 번째 이야기는 천국 없는 지옥. 그리스도교 교리에는 원래 천국이 아니라 지옥만 존재했다는 것이다. 그리스도교의 주장에 따르면, 사람들은 예수가 죽은 후에야 천국에 들어갈 수 있게 됐다고 한다. 이 말은 곧 예수가 죽었다가 부활하기 전에는 천국이 문을 열지 않았다는 소리 아닌가? 예수 이전의 의인들은 천국에 가지 못했다는 뜻이다. 《구약성서》에서 칭찬받던 의인이 지옥에 있다는 것도 이상하지만 천국 문이 열리기 전이니 천국에 들어갔다고 볼 수도 없겠다.

공부 많이 한 사람들이 고민하며 성서를 뒤졌다. 그러다 찾아냈다. 예수 이전에는 착한 사람이 "죽어서 아브라함의 품에 안겼다"는 구절을 말이다. '아, 그렇다면 그 아브라함의 품이란 곳에 머물다가 천국이 오픈한 다음에 천국에 간 것으로 하면 되겠구나.' 아귀가 맞는 해석이다. 교리상으로는 천국 없이 지옥문만 열렸던 시절이 있었다는 이야기다. 림보가 있었다고 믿는 사람은 아브라함의 품이 림보와 같은 공간이라고 여길 테고, 림보를 인정하지 않는 사람은 그렇지 않다고 반박할 것 같다. 각자 알아서 생각하시면 되겠다.

세 번째 이야기는 흥미롭다. 천국 없는 저승이라는 우울한 상상이, 옛날 옛적 사람들 사이에 의외로 널리 퍼져 있었다는 사실이다. 고대 그리스 사람들도 그런 생각을 했다. 호메로스의 서사시 《오디세이아》에서 오디세우스가 간 곳은 지옥이 아니다. 그냥 저승이다. 그런데 지옥이라고 해도 모르고 넘어갈 것 같긴 하다. 이런 저승관은 훗날 바뀌었다. 호메로스보다 나중에 태어난 그리스 사람들은 엘리시온이라는 저승의 낙원을 상상해냈다. 아킬레우스 같은 위인이 거기서 행복을 누린다고 믿었다. 그리스신화에도 날씨 좋은 천국이 도입됐다.

오늘날은 어느 종교건 옛날만큼 지옥을 강조하지 않는다. 옛날 성당 친구가 믿고 싶어한 것처럼, 지옥 없는 천국이 대세다. '마음의 평화를 얻기 위해 믿는다'는 종교의 사회적 기능을 생각하면 이쪽이 합리적인 것 같기도 하다.

여기서 글을 마치면 즐거울 텐데, 무서운 네 번째 이야기가 남았다. 줄리언 반스의 소설 《10½장으로 쓴 세계 역사》의 마지막 장에 따르면, 사람이 죽으면 지옥 없는 천국에서 영원한 생명을 얻는다고 한다. 그곳에서 갖가지 즐거운 일을 시도한다. 여기까진 좋다. 그런데 쾌락은 유한하고 시간은 무한하니 마침내는 영원한 권태를 피할 수 없다.

요컨대 지옥 없는 천국은 천국 없는 지옥과 다르지 않다는 것. 천국이 천국다우려면 지옥이 있어야 하나 보다. 그렇다면 지옥을 닮은 현세도 혹시 천국을 위해 필요한 것은 아닐까? 아니, 사실은 현세와 지옥이 너무 닮았기 때문에 사람들이 천국을 상상한 것일까?

지옥에 내 자리는 있을까?

×××

얼마 전 차를 얻어 탔다. 그런데 주차를 못 했다. 지하 1층에 들어갔는데 '만차'였다. 빙빙 돌다 지하 2층에 가도 자리가 없었다. 지하 3층에 내려가면서 나는 지하로, 지하로 가라앉는 무서운 상상을 했다. 빈자리 없는 지하 주차장과 지옥은 비슷한 점이 둘 있다. 하나는 가도 가도 내 자리가 없다는 절망, 또 하나는 좁은 지하 공간에 갇혀 영영 지상으로 돌아가지 못할 것 같은 불안이다.

두 가지 두려움은 서로 다르다. 내 자리가 없다면 위치가 쉬지 않고 달라지고, 나는 정착하지 못하고 오래오래 떠돌 것이다. 반대로 내가 영영 갇힌다면 나는 한 장소에 묶여 꼼짝하지 못할 것이다. 영원한 권태와 불안이 내 몫이다.

어느 쪽이 더 무서운가? 고전 속 지옥에는 두 가지 공포가 다 나온다. 호메로스의 서사시 《오디세이아》에서 오디세우스는 저승을 여행한다. 세상을 떠난 친구가 저승을 떠돌아다니는 광경도, 어떤 죄인이 한곳에 묶여 '맞춤형 고문'을 받는 장면도 본다. 《신곡》〈지옥 편〉에는 다양한 지옥이 등장한다. 어떤 지옥은 죄인이 쉴 틈도 없이 떠밀려 다니고, 어떤 지옥은 옴짝달싹할 수 없이 묶여 있다.

미묘한 차이는 있다. 《신곡》을 꼼꼼히 보면 이곳저곳

156

《신곡》에 묘사된 지옥에서 파올로와 프란체스카 같은 연인들은 영원히 떠돌아다닌다.
윌리엄 블레이크, 《신곡》의 삽화, 1820년대.

떠돌아다니는 지옥은 그래도 가벼운 죄를 지은 사람이 간다. 앞서 말한 사랑 때문에 죄를 지은 파올로와 프란체스카 커플이 이곳에 있다. 무거운 죄를 지으면 몸의 절반이 얼음지옥에 갇히거나, 숫제 몸통이 악마의 입에 물려 꼼짝을 하지 못한다. 《오디세이아》에서도 붙박이로 잡혀 있는 이들은 중죄인이다.

아무려나 지옥은 현실을 본뜬 것이다. 나이 든 세대의 현실은 지옥과 비슷하다. 세상은 무서운 속도로 바뀌는데, 변화에 적응하기는 힘들고 바뀐 세상에 자기가 할 일은 없다는 서러움을 느낀다. 자기 자리가 없다는 두려움이다. 보던 것만 보고 만나던 사람만 만나며 좁은 세상에 갇히는 느낌도 든다.

젊은 세대도 현실이 가혹하기는 마찬가지다. 내 집 마련도 어렵고 취직도 어렵고 직장에 오래 붙어 있기도 어렵다. 문자 그대로 내 '자리'가 없다. 매미의 애벌레인 굼벵이를 한자로 지잠(地蠶)이라고 한다. '땅속 누에'라는 뜻이다. 매미가 되기 전까지 지잠은 5년이건 7년이건 땅 밑을 긴다. '이러다 매미도 되지 못한 채 땅에 갇히는 건 아닐까.' 이런 우울한 생각도 들 것이다. 굼벵이가 생각을 한다면 말이다.

나는 중년이다. 지옥과 닮은 이 세상에서 애매한 위치다. 젊은 세대 눈에는 그저 기득권을 가진 사람일 테다. 몇 주건 지하 주차장에서 붙박여 일하는 젊은 사람에게, 차에 탄

채 주차장을 스쳐 가며 우아한 척 호메로스니 단테니 고전 나부랭이를 떠올리는 나는 어떻게 보일까.

젊은 사람의 고통을 이해한다며 "언젠가는 좋은 날이 올 것" 따위의 값싼 위로는 하지 않는 쪽이, 내가 지켜야 할 최소의 예의일지도 모르겠다. 이쯤에서 말을 접어야 할 것 같다.

3장

지옥으로 가는 길

지옥의 위치는
어디일까?

내가 죽으면 일어날 일

지옥 여행의 시작은 죽음이다. 죽으면 무슨 일이 일어날까? 육신에 일어나는 일은 그나마 알려진 편이다. 육신은 부패할 것이다. 내 몸이 썩어가는 과정은 불교 명상의 주제이기도 하다. 1단계, 시신이 푸르게 변하고 부풀고 썩는다. 2단계, 새와 개와 벌레들이 시신을 먹어치운다. 3단계, 아직 살점과 핏줄이 붙어 있는 해골을 상상한다. 이렇게 아홉 단계에 걸쳐 상상하며, 우리는 삶의 무상함을 느끼고 집착을 끊어낼 수 있다 (저녁 밥맛도 사라질 것 같기는 하다).

토마스 만의 소설《마의 산》에서 시신이 부패하는 과정에 대해 읽은 적이 있다. 내장이 먼저 상하며 부글부글 가스가 생기기 때문에 배가 부풀어 오르다가 결국 터져버린다고 했다. 내장이 잘 상한다는 사실은 그렇다 쳐도, 정말 풍선처럼 우리 몸이 터지는지는 잘 모르겠다. 부풀어 오른 시신 사진은 본 적이 있다. 하지만 우리 몸에는 가스가 새어나갈 구멍도 제법 있기 때문에, 배를 터뜨리지 않고 공기가 빠져나갈 것 같기도 하다. "(배 속에서) 압력이 충분히 커지면 지독한 냄새를 풍기는 액체나 기체가 밖으로 새어나올 수 있어. 그럴 때 '쉬이이익' 하고 으스스한 소리가 나기도 해. 걱정 마. 그냥 세균이 방귀 뀌는 소리야." 장례 지도사 일을 하며 '죽음 긍정 운동'을 하는 케이틀린 도티의 글이다. 시신은 한숨을 쉬기도 한다. "최근에 죽은 사람을 운반할 때면 숨길에 갇혀 있던 공기가 밖으로 밀려 나올 수 있어. 그럴 때 으스스한 신음 소리가 들리기도 해."

　　하지만 요즘 사람은 시신이 부패하는 모습을 직접 볼 일이 거의 없다(천만다행이다). 바로바로 장례 절차에 들어가기 때문이다. 시신의 부패는 어차피 우리가 생각하는 것보다 오래 걸린다고 한다. 좀비 영화에서처럼 바로 푸르딩딩해지는 일은 없다고 한다. 다만 피가 흐르지 않고 시신 아래쪽으로 고이기 때문에, 죽은 지 얼마 안 된 사람도 눈동자 색이 흐

려지고 피부가 창백해지고 몸 아래쪽에 시반이라는 얼룩이 생기기는 한다. 머리카락과 손톱이 자란다는 속설도 있지만, 사실이 아니다. 살이 수축하기 때문에 손톱과 머리카락이 길어져 보일 뿐이라고 한다.

죽은 후 내 몸에 일어날 이런저런 일을 생각하면, 썩 유쾌하지는 않다. 어릴 때부터 나는 죽은 후 내 해골이 우스꽝스러운 모습으로 입을 딱 벌린 채 오랜 시간을 보내게 될 것 같아 신경이 쓰이곤 했다. 나의 장기는 기증하고 남은 부분은 화장하는 쪽이 좋은 방법 같긴 하다. 다만 남에게도 그렇게 하라고는 권할 수 없다. 본인이나 가족이 하고 싶다는 대로 해주는 쪽이 우선일 것이다. 죽은 사람을 모시는 의식은 인간이 인간에게 지키는 마지막 예절이기 때문이다. 당사자들 말고 다른 사람이 보기에 합리적이지 않아 보이더라도 말이다.

옛날 그리스 사람인 헤로도토스가 쓴 《역사》는 서양 최초의 역사책으로 불린다. 장례 의식에 대한 인상적인 일화가 있다. 페르시아는 지금의 이란인데, 그때는 여러 민족이 같이 사는 세계제국이었다. 페르시아 황제가 장례 풍습이 다른 두 민족의 사람을 불렀다. 화장을 하는 그리스 사람에게 물었다. "얼마를 주면 당신 부모의 살을 먹을 수 있냐"고 말이다. 죽은 가족의 시신을 먹어 장례 지내는 민족 사람에게는

"얼마를 주면 당신 부모의 시신을 불에 태울 수 있냐"고 물었다. 둘 다 펄쩍 뛰며 "아무리 당신이 황제라지만 해도 될 말이 있고 아닌 말이 있다"는 반응을 보였다.

각자 믿는 바가 다른 사람을 자기 믿음대로 하도록 설득하기란 쉽지 않은 일이다. 때로 폭력이 되기도 한다. 백신 접종 거부처럼 사회를 크게 어지럽히는 경우만 아니라면, 적당히 차이를 존중해주는 쪽이 현명하겠다. 죽은 후 나를 어떻게 장사 지낼지에 대한 의견 차이도 그렇지만, 죽은 후 내 의식이 어떻게 되느냐에 대한 믿음의 차이는 더욱 그렇다.

영혼이라고 부르는 무언가가 존재하는지, 죽으면 그냥 사라질지, 아니면 어딘가로 갈지. 가서 고생할지 행복할지, 언젠가는 이 세상에 다시 돌아올지, 죽음 이후와 관련한 수많은 문제가 있다. 각각의 문제에 대해 문화권마다 종교마다 시대마다 사상마다 개인마다 믿는 바가 전부 다르다. 그리고 서로 양보하려고 들지 않을 것이다. 가장 중요한 믿음이기 때문이다.

자기 자신의 죽음에 대해서도 생각이 다 다르지만, 남의 죽음에 대해서는 이야기가 더욱 복잡해진다. 세상을 떠난 아무개가 천국에 갔을지 지옥에 갔을지를 놓고 싸움이 벌어진다. 그 아무개가 역사 인물이나 정치인일 경우, 싸움은 치사하고 지저분하고 끔찍하다. 세계관과 역사관과 자존심을 걸고 싸우기 때문에 쉽게 끝나지도 않을 것이다. 누구도 자신 있게 답할 수 없는 문제인데 말이다.

사후세계에 대해 어떻게 생각하냐는 취지의 질문을 받자 공자는 에둘러 대답했다. "삶도 알지 못하는데 죽음을 어찌 알까?" 아는 것이 많은 공자였으니 삶과 죽음에 대해서도 나름의 관점이 있었을 것이다. 하지만 질문을 던진 제자와 죽음의 문제를 놓고 싸우지 않았다. 싸워도 큰 의미가 없다고 생각한 것 아닐까. 물론 이 부분의 해석 역시 남들은 나와 다를 수 있겠다.

영혼이라 불리는 부분은 우리가 죽은 후 무슨 일을 겪을까? 무슨 일을 겪는다고 우리는 믿고 있나? 이 문제 하나하나로 다투다 보면 죽은 다음의 세상이 아니라 우리가 지금 사는 세상이 지옥 꼴이 될지도 모른다. 종교나 사상 문제로 자기 생각만 옳다며 싸우는 일, 나는 질색이다.

우리 인류도 이제 제법 나이가 있는데, "그렇군! 저 사람들은 이렇게 다른 생각도 하나 보다!" 정도로 넘길 때도 되지 않았을까? 다른 시대, 다른 문화의 사람들이 지옥을 어떻게 상상했나 책장을 넘기며 알아보는 일에는 그런 이유도 있다.

지옥의 위치에 관한 다섯 가지 이야기

×××

지옥에 가려고 서두를 생각은 없지만, 그 위치가 어디일까 정도는 궁금하다. 대부분의 문화권에서는 지옥이 이승에서 멀리 떨어져 있다고 주장한다. 지옥에 직접 가보고 왔다는 사람이 없는 까닭은 그래서일 것이다. 지옥에 대해 뭐라고 말하든 확인할 길이 없게 만들어놓다니, 편리한 방법이다.

지옥이 수평으로 먼 곳에 있다는 설이 있다. 앞으로, 앞으로 자꾸 걸어나가면 우리는 죽지 않고도 지옥에 방문할 수 있을 것이다. 말을 타고 지옥에 찾아간 북유럽신화의 이야기를 우리는 전에 읽었다.

반대로 지옥이 수직으로 먼 곳에 있다는 설이 있다. 어쩌면 머리 위는 아닐까? 어릴 때 '태양의 표면은 엄청나게 뜨겁다는데, 혹시 그곳이 불지옥일까' 하고 상상한 적이 있다. 특히 시커먼 흑점 부분이 수상하다! 농담이다. 대부분의 종교에서 태양은 악마가 아니라 신의 상징이니 지옥의 위치로는 어울리지 않을 것 같다.

아무래도 발아래 깊은 땅속에 지옥이 있다는 설명이 그럴싸하다. 이름부터가 지옥, '땅의 감옥'이 아닌가. 문제는 땅의 모양이 어떻게 생겼는지에 따라 지옥도 위치가 달라진다는 점이다. '선진국 미국'에는 지구가 평평하다고 믿는 사람

단테가 묘사한 땅속 깊은 곳 지옥의 구조를 보티첼리가 그림으로 옮겼다.
보티첼리, 《신곡》의 삽화, 1480년대.

들이 제법 있다고 들었다.

　　우리가 살펴볼 세 번째 '지옥 위치설'은 평평한 지구
의 땅 아래 깊은 곳에 지옥이 있다는 설이다. 밀턴이 쓴《실락
원》에는 지옥의 위치가 나오는데 그 설명이 좀 어렵다. 주석
을 읽고 궁리해보니 이런 내용 같다. 머리 위로 한참 올라가
면 태양이 있고, 발아래로 딱 그만큼 내려가면 지옥의 바닥이

있다는 것이다. 지옥이 충분히 멀다는 점은 좋다. 하지만 지구가 둥글다면 받아들이기 곤란한 설명이다. 지구의 크기가 태양계를 거의 집어삼킬 만큼 커진다는 이야기니까.

네 번째 설은 둥근 지구의 땅속 깊숙한 곳에 지옥이 있다는 것이다. 그러니 살아있는 사람이 다녀오기는 힘들 것이다. 게다가 땅속 깊은 곳은 지진도 일어나고, 용암도 끓는 장소다. 지옥과 어울린다. 어릴 때는 맨틀이나 지구 핵이 지옥 아닐까도 상상해봤다. 맨틀과 핵이 엄청나게 압력도 높고 뜨겁다는 어린이 과학책을 읽은 다음의 일이었다.

'시베리아 땅속 깊은 곳에서 지옥이 발견되었다'는 뉴스(?)가 있었다. 미국의 신앙심 깊은 분들이 널리 퍼뜨린 이야기다. 러시아 과학자들이 땅속으로 10여 킬로미터를 파 내려가다가 지옥에 구멍을 냈다는 것이다. 지옥은 온도가 1000도가 넘고, 비명으로 가득하다고 한다. 한국의 신앙심 깊은 어떤 분은 비명을 알아듣기까지 했다는데, 아니나 다를까 착하게 살았지만 교회는 나가지 않던 유명한 사람들이 지옥 불에 고통받으며 "생전에 예수 믿지 않은 일을 후회한다"고 뉘우치는 내용이었다나. 뻔한 헛소리니 더 언급할 필요는 없을 것 같다.

《신약성서》에는 지옥의 이름이 여럿 나온다. 그중 '게헨나'라는 지옥이 있다. 앞서 불지옥과 얼음지옥을 살펴볼 때

본 이름이다. 뜻은 '힌놈의 골짜기'라고 한다. 예루살렘 근방에 진짜 있던 장소다. 한때 이민족의 신에게 아이를 죽여 제물로 바쳤다는, 저주받은 장소다. 예루살렘에서 나온 쓰레기를 이곳에서 불태웠다고 한다. 아무려나 지옥은 사실 이승과 멀지 않으며, 지옥은 이승의 다른 이름이라는 것. 이 이야기를 우리가 살펴볼 지옥의 위치에 대한 다섯 번째 설명으로 올려보련다.

지옥의 입구 '임사체험'의 비밀

죽음이란 무엇인가. 육신이 작동을 정지한다는 것이 과학의 설명이다. 육신은 남고 영혼은 저승으로 떠난다는 것은 종교의 설명이다. 영혼의 머나먼 여행에 대해 과학은 어떻게 설명할까?

미국이 궁금하면 미국에 다녀온 사람에게 물어본다. 평양이 궁금하면 평양에 다녀온 사람이 쓴 글을 읽으면 된다. 그렇다면 어려운 질문. 저승이 궁금할 때는?

죽었다 되살아난 사람은 없어도 죽기 직전까지 갔다가 온 사람은 있다. 대체로 비슷비슷한 것을 보고 온다고 한다. 흥미로운 일이다.

170

먼저 유체이탈. 두둥실 떠올라 땅에 누운 자기 몸을 하늘에서 내려다본다. 주위에 사람들이 모여 수군대는 모습도 보인다고 한다. 다음은 길고 어두운 터널. 그 끝에는 밝은 빛이 보인다. 그리고 기분이 아주 좋아진다. 어떤 사람은 모든 걸 깨달은 전지(全知)의 감정이라고, 어떤 사람은 무한한 사랑의 감정이라고 증언한다. 어느 쪽이건 지극히 행복한 느낌이리라.

대개 이쯤에서 저승 체험이 끊긴다. 저승 어귀에서 만난 가족이 "아직 때가 아니니 돌아가라"고 하거나 이승에 남은 친지가 "죽지 말고 살아나라"고 부르는 소리를 듣고 깨어난다. '임사체험'이라 부르는 것은 그래서다. '거의 죽음 체험'이라는 뜻의 영어 표현(near-death experience)을 옮긴 말이다. 하기야 저승 들목을 넘어서면 이승으로 돌아오지 못할 터이다. 동서고금의 임사체험이 비슷하다는 사실은 무슨 의미일까. 어떤 사람들은 저승이 존재하며 영혼이 불멸하는 증거라고 주장한다.

반대 의견도 있다. 과학으로 설명할 수 있다는 주장이다. 죽을 때 몸에는 이런저런 고장이 난다. 우리 두뇌에 일어나는 잔 고장이 저승 체험의 원인이라면? 이를테면 멀쩡히 산 사람도 두둥실 떠오르는 유체이탈을 체험할 수 있다. 뇌 측두엽의 오른쪽 '모이랑'이라는 부위를 전기로 자극하면 말이다. 터널이나 빛이 보이는 것은 산소 부족 등의 이유로 뇌의 시각겉질 부분에 이상이 생겨 일어나는 현상일 수 있다. 행복감의 정체는 엔도르핀이라는 물질이다. 죽을 때 우리 몸은 무척 아플 것이다. 이때 뇌는 진통제 삼아 마약 물질을 만들어낸다. 그래서 죽어가는 사람은 기분이 좋아지고 헛것을 보기도 한다.

그런데 측두엽이니 시각겉질이니 하는 어려운 말을 내가 어떻게 알고 있는 걸까. 지금 내 손에는 마이클 셔머가 쓴 《천국의 발명》이라는 책이 들려 있다. 과학 이야기는 흥미진진하고 철학에 관한 부분은 그저 그렇다(리처드 도킨스의 책과 마찬가지다). 결론을 바로 말씀드리자면, 임사체험은 허황한 것이니 저승에 미리 헛힘 쓰지 말고 이승에서 잘 살자고 지은이는 제안한다. 옳은 말씀이긴 하다.

그래도 나는 임사체험이 의미 없다고 생각하지는 않는다. 죽음이란 시간이 멈추는 것, 저승이 존재하거나 말거나 임사체험의 때란 이승에서의 마지막 시간이다. 이때 행복하면 충분하지 않을까.

죽음을 앞두고 "흥, 이 행복감은 뇌의 오작동일 뿐"이라며 애서 기분 나빠지려고 노력하기보다는 "천국이 정말로 있건 말건 내가 지금 천국처럼 느끼면 그만"이라며 최후의 순간에 속아주는 쪽이 영리한 일 같다. 저승이 실제로 존재하는

✥

그림 위쪽의 멀리 빛이 보이는 터널이 임사체험과 닮았다고 하여 더욱 유명한 보슈의 작품.
히에로니무스 보슈, 〈내세의 모습〉 제단화 중 '천국', 1500년대.

장소가 아니라 단지 자기만의 환각에 영원히 갇히는 일이라 해도 마찬가지다.

그런데 나는 걱정이다. 앞서 임사체험의 세 단계를 이야기했는데, 사실은 네 번째 단계가 있다. 누구나 겪는 일은 아니지만 어떤 사람은 지극한 행복을 느끼다가 갑자기 불안과 공포를 느끼기도 한다. 열 명 가운데 한둘은 임사체험에서 부정적인 경험을 한다는 자료도 있다.

입구는 천국 같지만, 마음을 풀고 모퉁이를 돌아서면 지옥이 펼쳐지는 공간이 저승이라면 어떡하지? 속았다며 되돌아오지도 못할 텐데 말이다.

지옥의 입구와 정치적 중립

지옥의 입구에 들어서면 무엇이 보일까. 지옥의 입구에는 누가 있을까? 지옥에 있으니 죄를 짓지 않은 사람은 아닐 터인데, 본격적으로 지옥에 들어간 것도 아니니 큰 죄를 지은 사람도 아닐 것이다.

"지옥의 가장 뜨거운 자리는 정치적 격변의 시대에 중립을 지킨 사람들의 것이다." 한때 입길에 오르던 문장이다. 단테가 《신곡》에서 이렇게 말했다는 것이다. 척 봐도 이

보슈는 다양한 악마와 지옥 풍경을 그린 화가로 잘 알려져 있다.
히에로니무스 보슈, 〈내세의 모습〉 제단화 중 '지옥', 1500년대.

상하다. 단테가 설계한 지옥 밑바닥은 꽁꽁 얼어붙은 얼음지옥이니 말이다. 가장 뜨거운 자리에 가 있는 사람은 누구인가. 큰 죄를 짓긴 지었으나 가장 큰 죄는 아닌, 어중간한 큰 죄를 지은 사람들이 불지옥에서 고통을 받는다고 단테는 썼다.

그렇다면 '정치적 격변의 시대에 중립을 지킨 사람'은 어디에 있을까? 지옥의 입구에 있는 사람들이 바로 이 사람들에 가까울 것 같다. 《신곡》〈지옥 편〉 제3곡에 보면 "(악을 행한) 치욕도 없고 (선을 행한) 명예도 없이 살아온" 사람과 천사가 지옥 입구에 발이 묶인 채 울부짖는다고 되어 있다. 천국에는 못 가지만 지옥에도 안 갔으니 복지부동으로 일관한 인생치고 나쁘지만은 않다.

엉뚱하게 인용하기 시작한 사람이 누구일까. 루스벨트 대통령이라고도 하고 케네디 대통령이라고도 하는데, 모르겠다. 둘 다 인기도 많지만 적도 많던 지도자였다. 자기 편이 될 수 있는 사람들한테 "그렇게 중립을 지키지만 말고 와서 힘을 모으자"라고 말하고 싶었나 보다. 아무려나 원래 평범한 구절이 입에 오르내리던 중, 정치에 대한 견해가 다른 사람을 지옥에 보내고 싶어하는 사람들의 거친 마음이 조금씩 덧붙어 무시무시한 저주로 변한 것은 아닐까. 정치적 격변의 시대에 중립인 척하는 사람이 얄밉긴 하다.

플루타르코스가 쓴 《비교전기》에 보면 그리스 사람

'솔론'의 전기가 있다. 솔론은 아테네의 법을 만든 사람인데, 격변기에 어느 편도 안 들고 몸만 사리는 이에게 벌금을 물렸다. 시민의 의무를 다하지 않았다는 구실이다. 물론 요즘 같으면 시민의 의무를 다하느니 벌금 물고 말겠다는 사람도 좀 있겠다(지옥 대신 벌금이라니까).

그렇다면 단테가 지옥을 정치적으로 사용하지 않았느냐 하면 그렇지도 않다. 적극적으로 써먹었다. 이해가 되는 면도 있다. 단테는 당시 도시국가 피렌체를 휩쓴 정치 투쟁을 피해 고향을 등지고 망명객이 되었기 때문이다. 반대당에 대한 원한이 사무쳤으리라.

아무튼 정치와 지옥 이야기가 결합하면 엉망진창이 되어버린다. 이제 지옥으로 가는 길 초입에 들어섰을 뿐인데, 벌써부터 정신이 사납다. 일단 지옥으로 들어가자. 제일 먼저 우리가 가야 할 곳은 림보다.

지옥의 가장자리
'림보'에는 누가 가나?

비어버린 림보

림보는 지옥의 가장자리에 있는 공간이다. 지옥은 지옥인데 지옥 같지 않은 곳이다. 그렇다고 천국도 아니다. 일단 위치는 지옥이니 말이다.

이런 공간이 왜 필요할까? 그리스도교의 교리 때문이다. 천국에 간다는 것은 구원을 받는다는 것이다. 그리스도교에서는 예수의 죽음을 통해 인간은 구원을 받게 되었다고 본다. 그런데 문제가 있다. 나쁜 짓은 안 하고 살았지만 '예수의 죽음을 통할' 처지가 아닌, 세 종류의 사람들이 있다. 예수가 숨지기 전에 살던 사람들, 태어나자마자 숨을 거둬 예수를 믿는다는 의식을 치를 기회가 없던 아이들, 예수를 믿지는 않았지만 의롭게 살던 사람들이다. 그리스도교의 논리만 따른다면 이 사람들은 천국에 가기 어렵다. 그렇다고 지옥에 갈 사람들도 아니다. 그래서 천국은 아니지만 지옥 같지도 않은, 지옥 가장자리의 림보가 필요한 것이다.

물론 같은 그리스도교라고는 해도 림보 같은 장소가 필요 없다는 사람도 있다. 그리스도교에 속한다는 어떤 사람들이 대단한 교리라도 되는 것처럼 "세종대왕과 이순신 장군도 지옥에 있다"고 말하는 것이 그래서인데, 별로 보기 좋은 모습은 아닌 것 같다. 어쨌거나 내 생각으로, 림보라는 곳은 지금쯤 텅 비어 있을 것이다. 그 이유를 보자.

예수 이전에 살던 의로운 사람들은 죽은 후 어디로 갔을까? 특히 '구약시대'에 활약했던 사람들 말이다. 막연히 천국에 갔을 것이라고 생각하기 쉽다. 그런데 예수가 목숨을 잃기 전에 세상을 떠난 사람은 원죄를 씻지 못한 채 저승에 온 셈이다. 예수가 처형된 다음에야 천국에 들어갈 수 있다. 그때까지 수천 년 동안 어디에 있어야 할까? 이들이 모여 있던 대합실 같은 공간, 지옥은 지옥인데 지옥이 아닌 애매한 공간, 바로 림보다.

가톨릭의 기도문 '사도신경'에는 예수의 생애가 요약

되어 있다. 고난을 받고 십자가에 못 박혀 목숨을 잃고 무덤에 묻히고 저승에 갔다가 '사흘 만에' 죽은 사람들 가운데에서 살아났다고 했다. 눈여겨볼 부분은 부활하기 전 저승에서 '사흘'을 보냈다는 대목이다. 그때 무슨 일을 했을까? 전승에 따르면, 옛날의 의로운 사람들이 모여 있던 림보에 찾아가 이 사람들을 데리고 함께 천국으로 들어갔다고 한다.

매우 드라마틱한 광경이었을 것이다. 르네상스 시대의 화가 프라 안젤리코는 이탈리아 피렌체의 산마르코 수도원의 방마다 벽화를 그릴 때, 이 장면 역시 그려 넣었다. 어두운 골방 같은 곳에 갇혀 지내던 사람들이 빛을 보고 반가워 걸어가는 모습이다.

마니에리즘 시대의 화가 일 브론치노의 그림도 훌륭하다. 인물들이 모두 늘씬하고 잘생겼다. 하늘에서 내려온 것 같은 예수가 가운데 있다. 나는 이 그림을 몇 년 전 피렌체에 갔다가 처음 보았다. 이렇게 잘 그린 그림을 그전에는 왜 못 봤을까? 사실 나만 처음 본 것이 아니다. 한동안 이 작품은 보존 상태가 좋지 않아 썩어 문드러진 채 버려져 있었다고 한다. 세계 여러 나라에서 자금을 모아 겨우 복원해낸 것이 몇 해 전의 일이다. 림보에서의 해방을 그린 이 그림 자신도, 최근에야 망각의 지옥에서 해방되어 우리 앞에 나타난 셈이다.

태어나자마자 숨을 거둔 아이들의 경우도 생각해보

※
림보에서 기다리던 구약시대의 인물들을 예수가 천국으로 데려갔다는 설명이 있다.
프라 안젤리코, 〈림보에 간 그리스도〉, 1441~1442.

자. 옛날 사람들은 이렇게 주장했다. 사람은 그리스도교에 입교 의식을 치러야 구원받을 자격이 생긴다는 것이다. 이를테면 세례를 받지 않으면 천국에 가지 못한다는 식이다. 그렇다면 아주 어려서 세례를 받기 전에 죽은 아이들은 어떻게 할까? 지옥에 갈 죄가 없는 것은 분명하다. 하지만 세례 같은 종교 입문 의식을 거치지 않았으니 그리스도교의 천국에 갈 자격이 생긴 것도 아니다. 따지고 들어가면 골치 아픈 문제다.

지옥에 갈 죄는 없지만 천국에 가기 애매한 영혼이 어떤 곳으로 갈까? 천국도 아니지만 지옥다운 지옥도 아닌 애매한 공간인 림보에 간다고 생각하면, 애매하긴 하지만 앞뒤는 맞을 것이다. 그래서 옛날 사람들은 어려서 죽은 아이가 림보에 간다고 믿었다.

하지만 잔인한 이야기다. 죄 없이 죽은 불쌍한 아이들을 두고 '세례 받았니, 안 받았니' 같은 문제를 따지다니, 너무 인정머리가 없어 보인다. 신이 자비롭다면 이 아이들 모두 천국에 들어갔다고 믿어도 될 것이다. 그래서 요즘에는 믿음도 바뀌었다. 세례를 꼭 받지 않아도 어려서 죽은 아이는 지옥에 가지 않을 것이라고 말이다.

이렇게 하여 첫 번째, 두 번째 주민은 림보를 떠나 천국으로 들어갔다.

림보의 세 번째 주민

×××

아직도 림보에는 주민이 남았다. 의롭게 살았지만 기독교 신앙을 가지지 않은 세 번째 유형의 사람들이다. 이른바 다른 종교를 믿는, 덕이 있는 사람 말이다.

단테는 《신곡》 〈지옥 편〉의 제4곡에서 림보에 대해 노래했다. 단테에 따르면 림보에 있는 사람은 어린아이들과 종교가 다른 훌륭한 사람들이다. 주로 고대 그리스로마의 위인과 현자 들이다.

베르길리우스와 단테가 네 명의 시인을 만난다. 호메로스, 호라티우스, 오비디우스, 루카누스, 고대의 네 시인이다. 단테 자신이 여기에 나란히 서 있는 장면을 썼다. 대시인의 반열에 슬쩍 끼어들다니 대단하다. 나도 나중에 내가 위대한 만화가·작가들과 함께 나오는 만화를 그려봐야겠다.

다른 유명한 사람들도 있다. 헥토르, 아이네아스 같은 신화적 인물과 키케로, 카이사르 같은 역사 인물, 소크라테스, 플라톤, 아리스토텔레스, 디오게네스, 데모크리토스, 헤라클레이토스 같은 철학자들이 있다. 그야말로 올스타 총출동이다.

림보에서 눈길을 끄는 사람이 또 있다. 철학자로는 아비센나와 아베로에스가 있다. 이 사람들은 내로라하는 무슬

림보에 있는 훌륭한 사람들. 그림 왼쪽 카이사르와 살라딘의 모습이 눈길을 끈다.
얀 반 데어 스트라트, 《신곡》의 삽화, 1587.

림 지식인이다. 또 역사 인물 중에는 이슬람의 영웅 살라딘이
있다. 흥미로운 대목이다. 살라딘이나 무슬림 지식인들은 그
리스도교 세계와 맞장을 뜨던 사람들이다. 살라딘은 특히 예
루살렘의 십자군 왕국을 멸망시킨 사람이다. 그런데 이 사람
들이 림보에 있다는 것이다.

단테 자신은 그리스도교를 믿었다. 이슬람에 호의적인 것도 아니었다. 이슬람의 예언자 무함마드와 알리는 지옥에서 벌을 받는다고 썼다. 하지만 이슬람 신앙을 가졌더라도 훌륭한 사상가나 살라딘 같은 영웅은 림보에 있다. 단테가 보기에는 그렇다는 것이다.

어쨌거나 지금은 이 사람들 역시 림보에 있지 않다.

가톨릭은 제2차 바티칸 공의회에서 '익명의 그리스도인' 사상을 논의했다. 흔히들 이야기하기로는 이렇다. 양심에 따라 열심히 산 사람은 어떤 종교를 믿건 그리스도교의 구원받을 자격을 획득한 '익명의 그리스도인'이라는 것이다. 다만 익명의 그리스도인이라는 사상을 조심스럽게 해석해야 한다는 주장도 있다. "그리스도교를 믿지 않아도 그리스도교의 구원을 누릴 수 있다"는 이야기를 과격하게 해석하면 "그리스도교를 믿을 필요가 없다"는 주장이 나올 수도 있으니 말이다. 종교 다원주의나 익명의 그리스도인 사상을 '이단'이라고 주장하는 대형교회 목사도 있었다.

깊이 들어가면 나도 잘 모른다. 독자님들도 별로 관심 없을 것이다. 그러니 대충 이렇게 정리하면 어떨까. 림보의 세 번째 주민 역시 제2차 바티칸 공의회 이후로 천국에 들어가게 되었다고 말이다.

이렇게 하여 림보에 살던 죽은 사람들은 모두 천국으

로 갔다. 림보는 텅 빈 땅이 되었다. 여기가 그나마 지옥에서는 제일 날씨 좋고 살기 좋은 곳이다. 그래서 나는 이상한 상상을 해본다. 경험 있는 개발업자는 지옥에도 제법 있을 것이다. 이 사람들과 손잡고 비어 있는 림보의 주거지역을 재개발하여 지옥의 다른 주민에게 분양하면 어떨까. 수익성도 짭짤할 것 같다. 이런 상상이나 하는 걸 보니 나란 사람은 지옥을 가도 굶지는 않을 것 같다. 이승의 '헬조선'에서 갈고닦은 실력(?)이 저승에서 도움이 될지도 모른다.

지옥 생활에도 끝이 있을까?

그리스도교에서 말하는 지옥은 사람이 영원히 고통받는 곳이다. 그런데 영원히라니, 너무 심한 것 아닌지? 그래서 기간을 정해놓고 벌을 받는 연옥이나 윤회하는 지옥을 믿는 종교도 있다.

학교에서 벌을 받던 이야기부터 해보자. 내가 학교에 다니던 시절은 사람이 사람을 때리고 괴롭히는 일이 문제가 되지 않던 시절이었다. 체벌도 얼차려도 일상이었다. 특별히 잘못한 일이 없어도 맞거나 벌 받는 날이 수두룩했다. 하염없이 두들겨 맞건 발을 창틀에 올리고 엎드려 있건, 내가 궁금

한 것은 딱 하나였다. '이 즐겁지 않은 시간이 언제 끝나나?'

그래서일까. 그리스도교에서 말하는 영원한 지옥이 왕년에 혼 좀 나본 내가 보기에는 가혹한 것 같다. 죄에도 경중이 있는데 살인마와 좀도둑과 그저 믿음이 없다는 이가 똑같이 혼이 나다니 이상하다. 죄는 유한한데 벌은 무한하다. 죄는 가지가지인데 벌 받는 시간은 다 똑같다. 이승의 감옥처럼, 지옥 생활도 언제 끝난다는 시한이 있는 편이 합리적이지 않을까?

이상한 점은 또 있다. 이승에서 과거의 죄를 뉘우치면 저승에서 지옥에 가지 않을 수도 있다. 그런데 일단 죽고 난 다음에는 회개도 소용이 없다. 지옥에서 아무리 자기 과거를 뉘우쳐도 벗어날 수 없다는 것이다. 버스 떠난 다음에 손 흔들어도 소용없다는 걸까. 하지만 첫차가 막차인 데다 다음 버스도 영영 없다니 너무하지 않은가.

이상하다. 벌 받는 시간이 영원하다는 점도 이상하고, 지옥에 떨어진 다음에는 아무리 애써도 소용없다는 점도 이상하다. 영원한 지옥의 이 두 가지 이상한 점은 우리 사회의 입시 지옥하고도 살짝 닮았다. '젊을 때 몇 년'에 따라 결정된 학벌의 격차가 평생을 따라다닌다는 사실도 이상하고, 일단 격차가 벌어진 다음에는 죽을 만큼 노력해야 극복할까 말까 하다는 현실도 이상하다.

그래서 어떤 사람들은 종류가 다른 지옥을 상상했다. 다른 문화권에는 시간을 정해놓고 벌 받는 장소도 있다. 가톨릭에서 말하는 연옥은 죄인이 오랜 시간 죄를 씻고 언젠가 천국으로 갈 수 있는 가능성의 공간이다. 불교에서는 사람이 인간 세계에서 죽으면 지옥 세계에서 환생하는데, 여기서 업을 씻으면 다른 세계로 다시 태어난다고 한다. 감옥에 간 친구를 위해 민원도 넣고 면회도 가는 것처럼, 살아있는 사람들이 죽은 이를 위해 열심히 빌어주면 벌 받는 곳에 머무는 시간도 줄어든다고 한다. 영원한 지옥보다는 여기가 나은 것처럼 보인다. 그런데 이 '시한부 지옥'에 대해서도 비판이 있다.

당사자는 죽었어도 남은 가족이 노력하면 지옥이나 연옥 생활이 짧아진다는 이야긴데, 그렇다면 돈 많고 잘나가는 가문의 사람은 죽어서도 유리한 것 아닐까? 가난한 집 사람은 당장 먹고 살기 바빠 죽은 부모를 챙길 틈이 없지만, 잘나가는 집 사람은 남들 한 번 올릴 제사를 두 번, 세 번 올리며 정성을 들일 수 있다. 가문에 따라 저승 생활도 달라진다면 너무 서글픈 이야기다.

그렇다고 꼭 그렇게 나쁘게만 볼 일인지도 모르겠다. 죽은 가족을 위해서라면 무리를 해서라도 무언가 하고 싶은 것이 사람 마음 아닌가.

우리는 앞서, 지장보살이 전생에 자기 어머니를 위해

✠

연옥에서 받는 고통은 언젠가 끝이 나고 끝나는 시간도 앞당길 수 있다고 한다.
루도비코 카라치, 〈연옥의 영혼들을 풀어주는 천사〉, 1610년 무렵.

재산을 팔아 공양을 올렸다는 이야기를 읽었다. 부처님이 특
별히 아끼는 제자였던 목련존자에게도 비슷한 이야기가 있
다. 목련존자는 경건한 사람이었지만 어머니는 그렇지 않았

다고 한다. 어머니가 세상을 떠나자 목련존자는 어머니가 지옥에서 고통받을까 봐 무척 걱정을 한다. 지옥에 간 어머니를 위해 재를 올렸고, 어머니가 받을 고통을 줄일 수 있었다. 불교의 의식인 '우란분재'의 기원에 대한 이야기다.

비슷한 이야기로 "죽은 어머니가 미륵 부처를 뵙기를 빌며" 만들어 바친 고구려 시대의 금동미륵상도 있다.

연옥이 존재한다고 믿는 가톨릭에는 위령미사가 있다. 미사를 올리며 연옥에 간 가족이 조금이라도 고통을 덜 받기를 빈다. 남은 사람의 간절한 마음을 그저 비웃기만 할 수는 없겠다.

이 대목에서 나는 또 입시 지옥을 생각한다. 학벌주의를 욕하던 사람도 자녀가 수험생이 되면 남과 다른 선택을 하기 어려울 것이다. 더군다나 이 '학벌사회'에서 말이다. 기성 종교를 기복신앙이라며 비판하던 냉철한 사람도 가족을 저승에 보내면 태도가 달라지는 일 역시 마찬가지가 아닐까.

지옥의 모델은 이승이라는 사실이 새삼스럽다.

4장

최초의 지옥 이야기들

지옥을 다룬
네 편의 서사시

호메로스의 《오디세이아》

지옥 또는 저승이 자세히 묘사된 서양의 유명한 서사시 네 편이 있다. 이 네 편 중에서도 원조가 되는 작품이 호메로스의 《오디세이아》다.

그리스의 존경받는 시인 호메로스는 《일리아스》와 《오디세이아》라는 두 편의 서사시를 썼다고 알려졌다. 다른 주장도 있다. 《일리아스》를 쓴 시인과 《오디세이아》를 쓴 시인이 다른 사람이라는 설, 아니면 호메로스라는 사람은 존재한 적이 없고 여러 시인들이 집단창작한 결과물이 두 작품이라는 설 등이 있다. 이 문제로 2000년이 넘도록 학자들의 입씨름은 끊이지 않는다.

아무튼 《일리아스》는 트로이아 전쟁에 대한 서사시로, 첫 단어가 '분노'다. 전쟁 막바지에 그리스의 영웅 아킬레우스가 분노를 참지 못하는 바람에 벌어진 사건들이 《일리아스》의 주제다. 《오디세이아》는 그 전쟁에서 활약했던 동료 영웅 오디세우스에 대한 서사시다. 첫 단어가 '사나이'다. 내가 왜 첫 단어를 강조하는지는 곧 말씀드릴 것이다.

오디세우스는 곧바로 집에 돌아가지 못하고 10년 동안 지중해 곳곳을 떠돌아다닌다. 중간에 저승도 간다. 앞으로 집에 갈 여정이 어찌 될지에 대해, 이미 세상을 떠난 예언자를 만나 조언을 구한다는 구실이었다. 덕분에 우리는 옛날 그리스 사람들이 상상하던 저승이 어떤 곳인가 알게 되었다. 호메로스가 《오디세이아》를 지을 무렵만 해도 천국과 지옥이 따로 없었다. 남이 본받을 일을 한 훌륭한 사람도, 악하고 비열한 사람도, 같은 장소에 가서 허깨비처럼 돌아다녔다. 저승의 모습은 우울했다.

오디세우스는 이 우울한 저승까지 가서 예언자를 만나지만 막상 그 장면은 재미가 없다. 예언자는 영양가 없는 말만 해준다. 대신 먼저 죽어 저승에 가 있는 사람들의 사연이 흥미롭다. 특히 저승에서 《일리아스》의 주인공인 아킬레

※
저승으로 찾아온 오디세우스에게 예언자 테이레시아스는 하나 마나 한 예언을 들려준다.
요한 하인리히 퓌슬리, 〈저승에서 테이레시아스를 만나는 오디세우스〉, 1780년대 초반.

우스를 만나는 장면이 눈길을 끈다.

　　아킬레우스는 살아생전 대단한 영웅이었다. 죽음을 두려워하지 않았다. 트로이아의 영웅 헥토르의 손에 사랑하는 친구 파트로클로스가 목숨을 잃었다. 그런데 헥토르가 죽으면 머지않아 자기도 목숨을 잃는다는 운명을 잘 알고 있었다. 아킬레우스는 선택을 내려야 한다. 친구의 복수를 하고 불멸의 명성을 얻고 때 이른 죽음을 맞을 것인가, 아니면 평범하게 오래오래 행복한 삶을 누리는 대신 죽은 후 조용히 잊힐 것인가. 아킬레우스는 주저하지 않고 명예로운 죽음을 택한다. 달려 나가 헥토르를 죽이고 자신도 머지않아 죽으리라는 사실을 받아들인다. 이것이 《일리아스》의 내용이다(아킬레우스가 죽는 장면까지는 《일리아스》에 나오지 않는다. 물론 '트로이의 목마' 장면도 없다).

　　그런데 《오디세이아》에는 다르게 나온다. 오디세우스가 저승에서 만난 아킬레우스는 다른 사람 같다. 저승 생활이 어떠냐고 오디세우스가 묻자, 아킬레우스는 "이승에서 아주 미천한 자로 있는 것이 저승에서 잘나가는 것보다 훨씬 낫다"고 탄식한다. 아킬레우스 같은 사람이 이럴 정도면, 다른 죽은 사람들의 탄식과 고통은 어떠랴. 《오디세이아》에 나오는 저승은 꽤나 우울한 공간이다.

베르길리우스의 《아이네이스》

×××

호메로스의 시대로부터 800년쯤 흐른 후, 로마의 시인 베르길리우스는 서사시 《아이네이스》를 썼다. 주인공 아이네아스는 트로이아의 장군이었다. 오디세우스의 '트로이 목마' 작전 때문에 트로이아가 멸망하던 날, 그는 트로이아 사람들을 이끌고 성을 탈출해 지중해 세계를 떠돌아다니다가 새로운 도시를 건설한다. 먼 훗날 로마가 될 도시였다. 말하자면 아이네아스는 로마의 단군 할아버지 같은 사람이다.

《아이네이스》에도 저승 여행 장면이 있다. 호메로스의 《오디세이아》와 닮았는데 이는 우연이 아니다. 베르길리우스는 로마 문학을 대표하는 작가다. 그런데 호메로스의 서사시를 대놓고 따라 했다. 첫째, 작품의 배경이 트로이아 전쟁이다. 주인공 아이네아스는 《일리아스》에 등장하는 인물이기도 하다. 전쟁 이후 아이네아스가 지중해 세계를 떠돌아다닌다는 설정은 《오디세이아》와 같다. 다만 오디세우스는 혼자 살아남아 고향에 돌아가지만, 아이네아스는 동포들을 이끌고 새로운 곳에 새로운 트로이아를 건설한다. 이런 점은 호메로스의 서사시와 같으면서도 다르다.

둘째, 《아이네이스》의 첫 번째 단어부터 호메로스 서사시를 연상시킨다. 《일리아스》의 첫 단어는 '분노'며, 《오디세이아》는 '사나이'다. 《아이네이스》의 첫 단어는 '무기와 사나이'다. 첫 단어는 중요하다. 《일리아스》는 영웅 아킬레우스의 '분노'와 전쟁 이야기를 다루며, 《오디세이아》는 '사나이' 오디세우스의 여정을 다루기 때문이다. 《아이네이스》 역시 사나이 아이네아스와 그가 치른 전쟁 이야기를 노래한다.

셋째, 《아이네이스》는 호메로스 서사시의 유명한 장면을 대놓고 가져다 썼다. 《일리아스》 18권에는 아킬레우스의 방패가 어떻게 생겼고 방패에 어떤 조각이 새겨져 있는지 주절주절 길게 묘사되는데, 《아이네이스》 8권에는 아이네아스의 방패가 나온다. 《오디세이아》 11권에 나오는 저승 여행 장면이 《아이네이스》 6권에도 나온다.

앞으로 여행이 어떻게 될 것인가 궁금하던 오디세우스가 예언자를 만나러 저승에 가는 것처럼 아이네아스도 죽은 아버지를 만나러 저승에 간다. 별로 영양가 있는 조언을 듣지 못했고 저승에서 이런저런 사람을 만나게 된다는 점 역시, 오디세우스나 아이네아스나 마찬가지다.

베르길리우스는 로마 문학을 대표하는 사람인데, 무슨 생각으로 이렇게 호메로스를 따라 했을까? 사실 이것은 로마 문학의 가장 중요한 특징이다. 로마 문화의 특징은 '모방과 경쟁', 라틴어로는 '이미타티오 에트 아이물라티오 (imitatio et aemulatio)'라고 했다. 그리스 문화를 모방하고

✢

무녀 시빌라가 아이네아스에게 지옥의 무시무시한 광경을 보여준다.
야코프 판 스바넨뷔르흐, 〈지옥의 배를 탄 아이네아스〉, 1620년경.

그리스 문화와 경쟁한다는 뜻이다. 로마의 지식인들은 그리스어를 열심히 배웠고 그리스 철학과 그리스 문학을 익혔고 그리스 유학을 다녀왔다. 오늘날 우리가 '그리스로마 문화'라는 말로 둘을 함께 묶는 이유가 이것이다.

한편 '모방과 경쟁'은 중요한 전통이 되었다. 근대 이전까지 서양의 작가들은, 그리스 문학을 본뜬 로마 문학을 바탕으로 작품 활동을 했다. 호메로스를 베르길리우스가 본받은 것처럼, 이후의 작가들은 베르길리우스를 따라 한 것이다. 단테가 서사시 《신곡》에 베르길리우스를 등장시킨 것도 그래서다.

단테의 《신곡》

XXX

단테는 중세 이탈리아의 시인이다. 도시국가 피렌체에서 정치 투쟁에 휘말렸다가 추방당했다. 망명 생활을 하며 《신곡》 등 작품을 남겼으나 끝내 고향에 돌아가지 못하고 숨진다. 마음에 맺힌 것이 많았을 것이다. 피렌체의 산타크로체 성당에는 단테의 무덤이 있지만 사실 비어 있다. 단테의 시신은 라벤나에 있다.

《신곡》은 〈지옥 편〉, 〈연옥 편〉, 〈천국 편〉의 삼부작으로 구성되어 있다. 움베르토 에코는 "다들 〈지옥 편〉만 재미있어 하고 천국 편이 재미없다고 생각하는데, 천국 편도 나름 재미있다"는 글을 남겼다. 〈지옥 편〉이 가장 인기 있다는 사실을 엿볼 수 있다. 역시 나쁜 사람들 사연이 눈길을 끄는 법이다.

단테는 수많은 이야기를 〈지옥 편〉에 집어넣었다. 파올로와 프란체스카, 우골리노 등은 그때 이탈리아에 널리 알려진 인물들 이야기였을 것이다. 고대의 역사와 철학도 풍부하게 들어 있다. 그리스신화의 인물들도 등장한다.

〈지옥 편〉은 또한 수많은 이야기와 예술 작품의 원천이기도 하다. 조각가 오귀스트 로댕은 〈지옥문〉과 〈생각하는 사람〉과 〈우골리노〉를 만들었다. 화가 오스카어 코코슈카는 파올로와 프란체스카 이야기를 바탕으로 〈폭풍 속의 연인〉을 그렸다. 일러스트레이션을 그린 사람도 많은데, 특히 세 작가가 눈길을 끈다.

첫 번째로 르네상스 시대의 산드로 보티첼리다. 〈베누스의 탄생〉과 〈프리마베라〉를 그린 그 천재 화가 맞다. 나이 들어서는 특별히 돈이 되지도 않는 〈지옥 편〉의 일러스트레이션에 매달려 시간을 보냈다. 젊은 시절의 우아한 작품과는 사뭇 다른 엽기적인 작품이다. 〈미술가 열전〉을 쓴 조르조 바사리는 보티첼리보다 두어 세대 나이 어린 후배 화가였는데, 보티첼리의 전기를 쓰며 그의 이러한 행동을 이해할 수 없다고 분통을 터뜨렸다. 그런데 나는 보티첼리의 〈지옥 편〉 삽화도 무척 좋아한다. 보티첼리가 이 일러스트레이션에 비

정상적으로 집착한 일을 그린 역사 소설도 있다. 알랭 압시르가 쓴《보티첼리 또는 개 같은 전쟁》이라는 책이다. 역사적 사실과는 조금 다르지만 재미도 있고 몹시 우울하여, 나는 이 소설도 좋아한다.

두 번째로 낭만주의 시대 영국의 예술가 윌리엄 블레이크를 꼽을 수 있다. 블레이크는 시도 쓰고 그림도 그렸는데, 그림이 너무 독특해서 미술사에 영향을 남긴 사람이다. 블레이크는 뒤숭숭한 꿈자리에서 튀어나온 것 같은 모습으로 〈지옥 편〉을 해석해 그렸다. 기괴한 매력이 나는 마음에 든다.

세 번째로 귀스타브 도레를 빼놓을 수 없다. 도레는 위대한 삽화가였다. 서양의 고전들을 근사한 판화로 해석해 대단한 성공을 거두었다. 오늘날에는 도레의 이름을 모르는 사람이 많지만, 당대에는 아주 유명한 작가였다. 빈센트 반고흐가 동생 테오에게 편지를 쓰며 "언젠가는 자신도 도레처럼 성공해서 테오에게 꾼 돈을 갚겠다"라고 할 정도였다. 반고흐는 실제로 도레의 작품을 따라 그리기도 했다. 미국의 드림웍스도 도레의 작품에 나타난 구도와 구성을 연구해 애니메이션 작품에 반영한다고 밝힌 바 있다.

우리는 도레에게 악마에 대한 상상력을 빚졌다. 악마와 지옥에 대해 우리가 가진 이미지 대부분은 도레의 일러스트레이션에 기초한 것이다. 도레는 단테의《신곡》뿐 아니라

블레이크는 지옥을 지키는 머리 셋 달린 개 케르베로스를 기괴하게 그려냈다.
윌리엄 블레이크, 《신곡》의 삽화, 1820년대.

밀턴의《실낙원》에도 삽화를 남겼기 때문이다.

존 밀턴의 《실낙원》

×××

영국의 시인 밀턴은 서사시《실낙원》을 썼다. 큰 줄거리만 놓고 보면《구약성서》와 비슷해 보인다. 아담과 이브가 악마의 유혹에 넘어가 선악과를 따먹고 낙원에서 쫓겨난다는 이야기라서 그렇다. 그런데 작품을 읽어보면 느낌이 다르다. 아담과 이브 대신에 사탄이 비극의 주인공처럼 근사하게 나오기 때문이다. 사탄을 그려내는 방식을 놓고 보면 그리스로마의 서사시 전통을 잇는다고 볼 수도 있다.

밀턴의 작품도 그림으로 많이 남았다. 윌리엄 블레이크와 귀스타브 도레도《실낙원》으로 일러스트레이션을 그렸다. 특히 도레의 작품은 머리털이 곤두설 정도로 훌륭하다. 흑백의 굵고 가는 선만 이용해 천사와 악마의 전쟁도, 절망에 빠진 사탄의 모습도 그려냈다.

우리가 오늘날 생각하는 악마의 모습은 밀턴과 도레가 빚어놓은 상상력에서 크게 벗어나지 않는 것 같다. 할리우드 영화 〈야곱의 사다리〉에서는 악마를 묘사한 도레의 판화들을 대놓고 화면 가득 집어넣기도 했다.

도레는 흑과 백의 가는 선만 이용하여 천사와 악마의 우주적 전투를 묘사했다.
귀스타브 도레, 《실낙원》의 삽화, 1866.

지옥을 다룬
풍자적 작품들

루키아노스의 작품들

지옥 여행은 풍자문학에서 즐겨 다룬 소재기도 하다. "근엄하던 아무개가 지옥에 있다"고 한 줄만 써도 옛날 사람들은 웃음보가 빵빵 터졌나 보다. 이 중 문학사에서 중요하게 치는 세 작품을 골랐다. 루키아노스는 고대의 상상 문학을, 라블레는 프랑스 르네상스의 자유로운 정신을, 스위프트는 영국의 신랄한 풍자 문학 전통을 각각 대표하는 작가들이다.

　　로마 시대의 그리스 사람인 루키아노스는 우스개 같은 글을 썼지만 고전에도 해박했다. 이 점은 뒤에 살펴볼 라블레와 스위프트도 마찬가지긴 하다. 옛날에는 한 번 남을 웃기는 일에도 많은 지식을 담았나 보다. 나는 루키아노스의 여러 작품을 주위의 누구보다도 빨리, 그리고 천천히 읽어볼 행운이 있었는데, 강대진 선생님의 루키아노스 번역서에 일러스트레이션을 그릴 기회가 있었기 때문이다.

　　루키아노스의 대표작은 《진실한 이야기》다. 작품 내용은 하나도 진실하지 않다. 18세기 말에 나온 《허풍선이 남작의 모험》이라는 작품이 있는데, 주인공 뮌히하우젠은 자기가 겪은 모험담이라며 척 봐도 거짓말 같은 이야기만 늘어놓는다. 뻥으로 치자면 루키아노스의 이 작품이 한술 더 뜨긴 하지만 《진실한 이야기》도 만만치 않다.

✢
루키아노스는 고전에 대한 해박한 지식을 바탕으로 재치 넘치는
풍자적인 작품을 많이 남겼다. 《루키아노스의 진실한 이야기》
(강대진 번역, 2013에 들어간 김태권의 일러스트.

배를 타고 여행을 떠났는데 고래 배 속에 들어갔다가 탈출하고 하늘을 날아 달나라에 가고… 이런 내용이 줄줄 이어진다. 그런데도 어째서 제목이 《진실한 이야기》냐고? 루키아노스 자신의 설명은 이렇다. 어차피 여행기에는 과장과 허풍이 나오게 마련인데, 다른 사람들의 여행기는 자기들이 거짓말이 아니라 참말을 하고 있다고 주장한다. 하지만 자기의 여행기는 거짓말이라고 인정하고 거짓말을 하고 있기 때문에, 바로 그 사실 하나만큼은 다른 작품들보다 '진실하다'는 것이다. 궤변은 궤변인데 어디서 본 논리 같지 않은가? 그렇다. "남들은 자기가 모른다는 사실도 모르는데, 나는 내가 무

트로이아 전쟁 최후의 전사자인 프로테실라오스는 신들의 허락을 받고 하루 동안 되살아나 고향에 있던 아내를 만났다고 한다.
《루키아노스의 진실한 이야기》(강대진 번역, 2013)에 들어간 김태경의 일러스트.

지하다는 사실 하나만큼은 알고 있다"라던 소크라테스의 이야기를 패러디한 것이다.

작품 속 루키아노스 일행은 배를 타고 가다가 저승까지 간다. 고대의 멋진 사람들이 저승 섬에 모여 있다. 참으로 훌륭한 곳이다. 그곳에는 플라톤도 있고 소크라테스도 있고 자기가 좋아하는 호메로스도 있다. 루키아노스 자신도 나중에 죽으면 그 훌륭한 낙원으로 가기로 되어 있다고 들었다며 작가는 다시 한 번 농담을 한다. 그곳 옆에는 벌 받는 저승 섬, 말하자면 지옥 같은 곳이 있다.

루키아노스는《죽은 자들의 대화》라는 작품도 썼다. 이 작품에 대해서도 이 책 본문에 다룬 바 있다.

프랑수아 라블레의 《팡타그뤼엘》

르네상스 시대 프랑스의 작가 라블레의 작품은《가르강튀아》와 《팡타그뤼엘》이 유명하다. 쉴 새 없이 등장하는 똥 이야기와 막 나가는 허풍만 견딜 수 있다면 이렇게 유쾌하고 지적인 책도 다시 없을 것이다.

무엇이든 게걸스럽게 먹어 치우는 거인 영웅 팡타그뤼엘이 부하들을 이끌고 전쟁을 한다. 그러던 중 팡타그뤼엘의 부하가 목이 잘려 목숨을 잃는다. 팡타그뤼엘이 슬퍼하자 의사 한 명이 걱정하지 말라며, 죽은 부하의 목을 다시 붙이고 포도주를 먹여 살려낸다. 허풍의 수준이 대략 이 정도다.

되살아난 부하는 자기가 겪은 지옥 이야기를 재미있게 늘어놓는다. 앞선 장에서 설명한 대로다. 이승에서 잘 살던 사람은 저승에서 못 살고, 이승에서 안 풀리던 사람은 저승에서 잘나간다는 이야기다. 지옥은 이승이 물구나무선 것 같은 공간이다.

두 가지 사실이 눈에 띈다. 첫째, 이승에서 떵떵거리고 사는 왕후장상에 대해 라블레가 무척 고까워한다는 점이다. 라블레는 역사 속 잘나가던 인물들이 지옥에서 볼품없이 지내는 모습을 보며 즐거워하라고 한다. 둘째로 철학자와 작가가 이승에서 고생하며 살아간다는 현실을 라블레가 잘 알고 있다는 점이다. 저승에서 잘나가는 사람들 대부분이 이승에서 철학자나 작가로 가난하게 살았던 사람이라고 썼기 때문이다.

조너선 스위프트의 《걸리버 여행기》

스위프트를 동화 작가라고 생각하는 경우가 종종 있다. 《걸리버 여행기》의 1부와 2부가 '거인국' '소인국'으로 어린이용 책처럼 자주 소개되기 때문인 것 같다. 그는 사실 신랄한 풍자 작가로 유명했다. 자기가 살던 시대의 현안에 정치건 문화건 거침없이 뛰어들어 매서운 풍자를 날렸다. 때로 풍자가 지나쳐 문제가 되기도 했다.

《걸리버 여행기》에도 당시 영국 사회에 대한 비판이 많다. 3부의 그럽덥드립은 짧은 부분이지만 고전 해석을 닥치는 대로 뒤집어보는 흥미로운 장이다. 스위프트는 〈책들의 전쟁〉이라는 짧은 풍자 이야기에서도 고전을 어떻게 수용할 것인지를 놓고 당대 문예이론가들이 치열하게 싸운 이른바 '신구논쟁'을 비꼬아놓은 바 있다. 《걸리버 여행기》의 3부에서도 알렉산드로스나 카이사르 등 옛날 사람의 전기를 제 입맛대로 해석해 비꼬아놓은 스위프트의 글솜씨가 돋보인다.

스위프트는 저승 여행을 묘사하지 않았다. 다만 그럽덥드립이라는 나라에서 저승에 사는 사람들을 불러낼 수 있다고 했다. 저승 여행을 다룬 문학작품을 읽는 재미란, 역사나 문학작품 속 유명한 사람들이 저승에서 무슨 일을 하고 있나 엿보는 재미다. 그런 점에서 그럽덥드립 장면은 거꾸로 된 저승 여행이라 할 수 있다. 우리가 저승에 가는 대신, 저승 사람이 우리한테 와서 자기들이 겪은 일을 이야기해주니 말이다.

지옥 그림 갤러리

●

illustration
by 김태권

‡ 사탄은 추남일까, 미남일까? 《실낙원》 앞부분에서
사탄은 멋있고 매력적인 존재로 묘사된다.

_1장 '사탄은 잘 생겼을까'

‡ 크리스마스를 생각하면 나는 지장보살이 떠오른다.

＿1장 '지옥에 간 지장보살'

‡ 소크라테스가 죽어서 어디로 갔는지에 대해,
너덧 가지 서로 다른 설명이 있다.

_1장 '소크라테스도 모른다'

‡ '카이사르 대 브루투스',
　사람들은 2000년 동안 이 주제로 다투었다.

　　_1장 '악마는 왜 브루투스를 물어뜯었나'

‡ 사랑 때문에 지옥에 떨어진 제일 유명한 커플은
파올로와 프란체스카일 것이다.

_1장 '파올로와 프란체스카'

‡ 우리가 지겹게 보던 단테의 이름이 이 오페라에도 등장한다.

_1장 '오페라로 유명한 잔니 스키키'

‡ 런던 사람이 런던을 지옥에 견주었다.
"우리가 사는 곳이 지옥"이라며 절규한 것이다.

__2장 '스크루지는 착한데 런던은 지옥'

‡ 교회 집사였던 아버지가 보험금을 노리고 저지른
 끔찍한 범행이 핼러윈에 벌어졌다.
  __2장 '아들을 죽인 핼러윈 살인자'

‡ 나는 이 작품을 볼 때마다, 노먼 록웰이 화폭에
그린 것 때문이 아니라 그리지 않은 것 때문에 놀란다.

_2장 '록웰은 악마를 그리지 않았다'

‡ 천국과 지옥을 놓고 내기를 걸 수 있을까?
　수학자이자 철학자였던 블레즈 파스칼은 그럴 수 있다고 생각했다.

　__2장 '파스칼을 이긴 정치인'

‡ 악취란 고통이다.
그런데 어째서 냄새로 고통받는 지옥은 찾기 힘든 걸까.

___2장 '절대 악취의 냄새 지옥?'

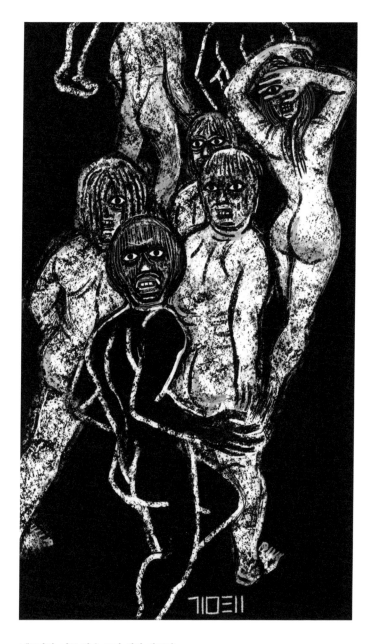

‡ "보아라, 너무 앞을 보려 했기 때문에
   이제는 뒤를 바라보며 뒤로 걸어간단다."
   _2장 '뿌린 대로 거두리라, 콘트라파소'

‡ 저승에는 천국과 지옥이 따로 있지 않다.
푸짐한 식탁과 자루가 긴 숟가락이 있을 뿐이다.

__2장 '숟가락 지옥인가, 숟가락 천국인가'

‡ 죄인의 혀를 잡아당겨 밭뙈기처럼 넓게 펼친다.
  그 위로 황소가 쟁기를 끌고 지나간다.
  __2장 '헛바닥에 황소가 올라간다면'

‡ 빈자리 없는 지하 주차장과 지옥은 비슷한 점이 있다.

_2장 '지옥에 내 자리는 있을까?'

**살아생전 떠나는
지옥 관광**

ⓒ 김태권, 2021

초판 1쇄 발행 2021년 5월 27일
초판 2쇄 발행 2021년 7월 20일

지은이   김태권
펴낸이   이상훈
편집인   김수영
본부장   정진항
편집1팀   김단희 이윤주 김진주
마케팅   김한성 조재성 박신영 조은별
경영지원   정혜진 이송이

펴낸곳   ㈜한겨레엔 www.hanibook.co.kr
등록   2006년 1월 4일 제313-2006-00003호
주소   서울시 마포구 창전로 70(신수동) 화수목빌딩 5층
전화   02-6383-1602~3 팩스 02-6383-1610
대표메일   book@hanibook.co.kr

ISBN 979-11-6040-491-3 03900